Santos Dumont

ARES NUNCA DANTES NAVEGADOS

Santos Dumont

ARES NUNCA DANTES NAVEGADOS

Orlando Senna

editora brasiliense

Copyright © Orlando Senna
Nenhuma parte desta publicação pode ser gravada,
armazenada em sistemas eletrônicos, fotocopiada,
reproduzida por meios mecânicos ou outros quaisquer
sem autorização prévia da editora.

Primeira edição, 1984
1ª reimpressão, 2003

Coordenação editorial e de produção: Célia Rogalski
Revisão: Joaquim José de Faria, Sílvio Donizete Chagas, Mansueto
Bernardi e Luiz Ribeiro
Ilustrações: Orlando Senna, baseadas em desenhos de Santos Dumont e
em fotos de seus aparelhos
Arte-final das ilustrações: Fernando Pimenta
Caricatura: Emílio Damiani
Diagramação do miolo: Shirley Souza
Capa: Patrícia Buglian
Foto de capa: Agência France Presse

Dados Internacionais de Catalogação na Publicação (CIP)
(Câmara Brasileira do Livro, SP, Brasil)

Senna, Orlando
  Alberto Santos Dumont : Ares nunca dantes navegados/
Orlando Senna. – São Paulo : Brasiliense, 2003. – (Encanto
radical ; 52)

  1ª reimpr. da 1ª ed. de 1984.
  ISBN 85-11-03052-2

  1. Inventores - Brasil - Biografia 2. Santos Dumont,
Alberto, 1873-1992 I. Título. II. Título: Ares nunca dantes
navegados. III. Série.

03-4650   CDD-926.081

Índices para catálogo sistemático:
1. Inventores brasileiros : Biografia
926.081

editora brasiliense s.a.
Rua Airi, 22 – Tatuapé – CEP 03310-010 – São Paulo – SP
Fone/Fax: (0xx11) 6198-1488
e-mail: brasilienseedit@uol.com.br
www.editorabrasiliense.com.br

livraria brasiliense s.a.
Rua Emília Marengo, 216 – Tatuapé – CEP 03336-000 – São Paulo – SP
Fone/Fax: (0xx11) 6675-0188

a Xuka,
que voa comigo

SUMÁRIO

Capítulo 1
O vento.. 09

Capítulo 2
A máquina... 37

Capítulo 3
O labirinto... 89

Cronologia... 101

Indicações para leitura.. 109

Sobre o autor.. 111

CAPÍTULO 1

O VENTO

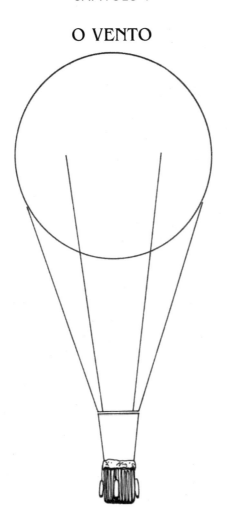

O VENTO

O vento deixa de soprar. Imóvel no espaço, sinto o campo verde fugir sob meus pés, cavando o abismo cada vez mais fundo. Quadros movediços: aldeias, castelos, prados, bosques. Voragem que apaga os latidos dos cães e dos sinos, o silvo das locomotivas. A Terra some na névoa, sorvendo de vez a sensação de movimento, o último grama de peso. É como se eu não tivesse corpo. A corrente de ar recolhe-me em suas doces entranhas, comunica-me sua própria velocidade, integra-me em seu mistério, sou parte dela. Infinito sabor, solidões sem limite. Imerso na brisa ou no ciclone, impossível saber – a mesma espantosa calmaria, ilusão absoluta, a vida suspensa no vácuo. Angústias, temores, obsessões, nada. Nenhuma tristeza. Abro uma garrafa de champanha, o estouro seco agride a quietude alviceleste como o disparo de um canhão. E de novo o silêncio embriagante. Flocos de neve formam-se na borda da taça de cristal e espargem-se em todos os sentidos, jatos de vapor gelado, minúsculas palhetas irisadas, fogo de artifício. Ergo um brinde ao espetáculo maravilhoso; sobre a alvura imaculada das nuvens o Sol projeta a sombra do balão "Brasil", e na barca enorme, minha silhueta fantasticamente ampliada no centro de um triplo arco-íris. A glória da mais profunda e suave paz, tal é a fortuna dos ventos.

Paris é uma festa. A Exposição Universal de 1900 enche a cidade de estrangeiros e da gente do campo, curiosa com as novidades industriais, máquinas modernas, promessas de grandes colheitas. Em todos, em tudo perpassa o *frisson* de um grande evento, a vibração de uma primavera incomum. Não apenas no esplendor das flores, no perfume das mulheres, na claridade que faz luzir todas as cores dos bulevares e outras, insuspeitadas, no interior dos cafés e águas-furtadas. Mais que isso, mais que o surpreendente reflexo-esmeralda na superfície do Sena. Uma energia exacerbada envolvendo no mesmo transe 1 milhão de pessoas, estranhos que se abraçam na Gare du Nord, carícias espontâneas nos jardins de Luxemburgo, trajes e peles de todos os matizes que se tocam alegres nas calçadas de Saint-Germain, muitas línguas e algaravias que se fazem entender no luxo do Maxim's e nas madrugadas bêbadas do Quartier Latin.

A inquietação social que estremeceu a cidade no início do ano dissolve-se com a presença dos visitantes, no espraiar coletivo de uma emoção desconhecida, a de testemunhar o advento de uma nova era. Há o caso Dreyfus agitando o país, dividindo os franceses em pró e contra, republicanos e monarquistas, esquerda e direita. O capitão Alfred Dreyfus foi condenado à prisão perpétua na Ilha do Diabo por traição à pátria, apesar da falta de provas. Na verdade foi condenado por ser judeu, no ápice de uma onda anti-semita que varre a França e contra a qual, em nome da justiça, fraternidade e igualdade entre os homens, se levantam Anatole France e Émile Zola, e, com eles, a jovem oficialidade do exército, a imprensa, estudantes e operários. Houve lutas nas ruas, tiroteios, falou-se em golpe militar. Mas nesta primavera o presidente

Loubet está tranqüilo, manejando com habilidade dois fatos que conseguiram reunir os franceses em torno de interesses comuns, nacionais: a guerra do Transvaal, no sul da África, e a Exposição Universal de Paris. No sul da África, os descendentes de holandeses, que lá estão há dois séculos – os bôeres –, insurgem-se contra o domínio britânico sobre a região, conseqüência das guerras napoleônicas. A França apóia os bôeres. O presidente Loubet é uma raposa, não tem interesse no Transvaal mas vitupera contra a Inglaterra, "a pérfida Albion", reacendendo o ódio tribal que os franceses dedicam aos ingleses. É um faz-de-conta, é como se a própria França estivesse ameaçada, e enquanto perdurar esse clima não há perigo de golpes e revanchismos monarquistas.

E agora o fascínio da Exposição Universal. Os lampiões elétricos que transformam Paris em Cidade-Luz, mais que nunca o centro do mundo, capital da Ciência. O progresso tecnológico atinge um nível espantoso; muitos acreditam que a capacidade de inventar chegou ao limite. Os cientistas e mecânicos que agitam os estandes pensam o contrário, pensam que o baile apenas começou e que o que está por vir supera qualquer ficção. Estão todos, os mais célebres e estudantes anônimos – Thomas Edison, com suas lâmpadas e fonógrafos; Henry Ford, com seus motores de explosão; Marconi, com seu telégrafo sem fio; Louis Lumière, projetando filmes em telas gigantescas; Walter Nerst e seus geradores eletroquímicos. A Ciência invade todos os campos. Sigmund Freud apresenta

SANTOS DUMONT

aos sábios reunidos na cidade os primeiros estudos sobre a histeria. Darwin afirma que a Lua se destacou da massa da Terra. Pierre e Marie Curie reafirmam perante a imprensa que não registraram patente do *radium* porque a descoberta é um bem de todos os homens. A teoria quântica de Max Planck estabelece um comportamento técnico frente à estrutura descontínua da matéria. Pesquisa-se uma surpreendente e misteriosa propriedade de certos elementos, a radiatividade. Respiram-se as primeiras lufadas do novo século, o sentimento de inflar as velas com a aragem do futuro, de um tempo que as pessoas pretendem adivinhar nas caldeiras sem fogo, nas polias e êmbolos que se movimentam sozinhos como por encanto, no gás neon, na maravilha do petróleo. Mas sobretudo nos balões, no desafio da aerostação. A lei de Newton não é exata, diz Sam Pierpont Langley, que veio de Nova York analisar com os aeronautas europeus as suas descobertas matemáticas a respeito de objetos no espaço.

Os grandes mestres da pintura piscam um para o outro nos amplos salões da Exposição, descobrem que a magia da eletricidade mantém todas as nuances do quadro durante a noite. Degas, Renoir e Rousseau ouvem de Cézanne a notícia, provavelmente inverídica, de que Gauguin virá a Paris, após dez anos nos mares selvagens de Taiti. Os velhos mestres impressionistas tentam imaginar como a nova geração pintará essa luz artificial, os jovens que querem captar as cores da alma; a espiritualidade de Matisse, a interiorização de Kandinsky, a metafísica de Klee, os três cruzando o

O VENTO

salão em passos largos para acompanhar o ritmo camponês de Pablo Picasso, garoto espanhol declarando em alto e bom som que a natureza e a arte são fenômenos completamente diferentes, *carajo*! O músico Claude Debussy, quase um menino, concorda imediatamente, é a primeira grande verdade do século XX. O tempo se move, ritos de passagem que se expandem para além da porta monumental da grande Exposição, passarela de estrelas – Marcel Proust, Gustave Eiffel, Sarah Bernhardt, Colette, Isadora Duncan, Ana Pavlola, a filosofia erótica do divino Nijinski. Constelação embalada entre as preocupações sociais do realismo e a fantasia da *art-nouveau*, pelo cinema de Georges Méliès e pela imaginação sem peias de Jules Verne, que anunciam viagens à Lua.

La Lune! Pelo portal da Exposição desfilam cabeças coroadas e soberanos exilados, vedetes do Moulin Rouge e engenheiros, turbantes asiáticos e a juventude dourada do esporte, os pilotos de automóveis e barcos de corrida, boa parte deles diretamente comprometida com o grande assunto, com o tema que condensa todas as emoções derramadas pela cidade: os aeróstatos, a capacidade de controlar uma bolha de ar no ar. Paris é o campo de provas para essa nova espécie de homens, aventureiros da coragem, suspensos entre cordas e panos, entre o esporte, a ciência e o sonho. Woelfert, Yon, Henri de la Vaulx, Dupuy de Lôme, Machuron, Debayeux, Lambert, Schartz, Gaston Tissandier, os brasileiros Augusto Severo e Santos Dumont. O povo grita seu nome quando eles passam sobre os tetos, as pessoas olhando o céu em suspense, algumas rezando de mãos postas para que não despenquem lá de cima. Os aeronautas são engolidos pelas nuvens e ninguém sabe aonde irão descer, ou se serão vistos outra vez. Schartz foi lançado de encontro às árvores e está no hospital com as pernas quebradas. Machuron foi resgatado por pescadores a milhas da costa. O conde de la Vaulx desceu na Rússia, náufrago, dias e noites perdido no espaço. Salomon Andrée foi empurrado para o Pólo Norte e desapareceu. Voam sem rumo pelos subúrbios e campos, arrebentam-se nas encostas das montanhas, somem no mar sob a tirania das correntes. Como alcançar a Lua se estão sempre à deriva? Se não conseguem navegar?

O navegar é preciso, exige movimentos exatos, manipulação perfeita dos instrumentos, conhecimento minucioso do elemento em que se navega. Santos Dumont alongou a forma dos balões e instalou na barca um leme e uma hélice movida por um pequeno motor a petróleo. O aeronauta brasileiro pensa no exemplo dos navios, e suas experiências são acompanhadas com especial interesse pelo magnata Deutsch de la Meurthe, que está aplicando grandes capitais na exploração pioneira do petróleo e faz questão de propalar sua paixão pelo vôo. Não exatamente pelo vôo como o mais arriscado e espetacular dos esportes, mas pela dirigibilidade dos aeróstatos, pelas possibilidades que isso abrirá ao transporte, pelo poder de fogo de uma armada navegando no céu. Navegar é mais que preciso.

O VENTO

– Larguem tudo! – Alberto Santos Dumont ergue os braços como um maestro puxando os acordes para cima. Lachambre, Machuron e os ajudantes soltam os cabos e a pequena multidão aplaude: "Bravo! Vamos lá, Santos, o rei do café! Faça como os pássaros, Santos!" A Comissão Científica do Aeroclube da França anota a hora exata da largada do dirigível "SD-5", concorrente ao prêmio instituído por Deutsch de la Meurthe, 100 mil francos para o aeronauta que, elevando-se de Saint-Cloud, contorne a torre Eiffel e volte ao ponto de partida em meia hora, fazendo um percurso mínimo de 11 quilômetros. Equilibrado em um selim de bicicleta, sobre uma barca de vime, Alberto experimenta mais uma vez a sensação de imobilidade; o parque de Saint-Cloud afundando sob seus pés com a comissão do Aeroclube, os bigodes do príncipe Roland Bonaparte, as bochechas vermelhas de Deutsch, o trinar juvenil de Lantelme ("Faça como os pássaros, Santos!" "E você, menina, o que está fazendo com o meu coração?"), o belo sorriso de Machuron, os automobilistas e a imprensa, a comunidade dos aeronautas, os rostos para cima, iluminados, caindo, caindo.

Desta vez não será assim, não mais uma folha seca dançando sobre os tetos. Acelera, observa o fio elétrico que segue a quilha da barca, penetra no motor e continua mais grosso até a popa, onde a hélice começa a girar com velocidade. A barca é um levíssimo arcabouço preso ao grande balão-charuto, sustentando o piloto e seus instrumentos de controle na proa, maquinaria de cabo-pendente no centro, a grande hélice atrás. A barriga do balão a menos de 2 metros de sua cabeça, válvulas fechadas, tudo em ordem, barômetro, calculador de altitude. Todas as inovações sob controle em seu pequeno raio de ação; o leme lá atrás, entre a barca e o balão, obediente à alavanca junto ao joelho. O sistema de roldanas, as torneiras do lastro líquido, os recipientes de cobre delgado. A corda que regula o cabo-pendente, grosso e pesado, pela primeira vez realmente eficaz como elemento estabilizador. Pesquisas, cálculos, testes, cada detalhe, cada pingo de solda, quatro anos dedicados integralmente, as noites povoadas de números, raízes quadradas, logaritmos. E os dias de vôo, recompensa. Balão de seda japonesa, juntas de alumínio, cordas de piano, armação de vime sobre a quilha de pinho. A forma da barca, resistência mínima à pressão do ar, menor sensibilidade possível às variações higrométricas. Leme e propulsor atrás, a simplíssima lição dos marinheiros, e os 12 cavalos de força. O espanto de Lachambre e Machuron, tio e sobrinho, quando a idéia foi posta na mesa, há dois anos, o projeto do "SD-1": "Vai explodir! Um motor a gasolina sob um balão de hidrogênio? É loucura! Suicídio!" Ainda bem que existe um Lachambre em Paris, construtor de balões; são-tomé, mas com um pé na frente. Duvida um pouco, acha que todos os brasileiros são doidos, mas faz, cumpre à risca os projetos. Agora todos voam com motores a gasolina; sem força de tração é impossível controlar 500 metros cúbicos de gás na atmosfera, nada no nada.

O VENTO

Desta vez será diferente. Alavanca para a esquerda, o leme lá atrás obedece suavemente, a aeronave faz uma curva sobre Saint-Cloud e paira alguns segundos antes de tomar a direção da torre Eiffel. Imprime maior rotação à hélice, o "SD-5" ganha velocidade e altura, o bico frontal para cima, as coxas apertam o selim, cavaleiro do éter. Gira a manivela, o cabo-pendente desloca-se para a frente, o balão baixa a proa devagar, solene, e avança em linha reta. O espaço tem muitos caminhos, alguns sinuosos, outros circulares, poucos que podem nos levar de um salto ao destino desejado. A grande vantagem do navegador aéreo é poder abandonar uma corrente e entrar em outra, escolher o melhor caminho. Leme à direita, mais aceleração, acompanhar o Sena até a Cité e circundar a torre, escolher uma nova corrente e retornar. E então estará provado. E depois de tudo quero estar só, como agora, para sorver o néctar do triunfo sem o desconforto da presença humana, da turbulência humana. Talvez em uma igreja. A glória é uma conquista individual, particular, intransferível, indivisível. Um solitário jantar a dois com o deus ereto das orgias interiores, o senhor dos espelhos. Lantelme não permitirá, invadirá minha casa, tentará arrancar minhas roupas. Posso escapar de todos, de todas; de Lantelme é difícil. O que me incomoda nela? O que me seduz em seu corpo *mignon*? O que me faz permitir que ela se apaixone por mim tão publicamente? Talvez escolhesse mesmo Lantelme para brindar comigo, um cálice de narciso. Não importa agora. Aqui em cima sei o que almejo, eu quero o mel da vida.

Lá no fundo, o teto de Notre Dame. Mais perto, à esquerda, o pico da Eiffel. Desacelera, consulta o relógio preso ao pulso, nove minutos desde a largada, tempo de sobra. O leme obedece ao comando, a cidade começa a girar lá embaixo, grande preguiçoso carrossel. Completa a manobra ao redor da torre e começa a deixá-la para trás, quando o silvo se faz ouvir, agudo, insistente. Uma das válvulas automáticas cedeu à pressão. Abandona o selim, equilibra-se entre as cordas de sustentação. Tarde demais: antes de alcançar a válvula, a mola é expelida e o hidrogênio começa a escapar em quantidade. Descer ou prosseguir? Volta ao selim e acelera no rumo de Saint-Cloud. Haverá tempo? O balão perde a forma, contrações na popa. É a quarta vez que enfrenta problemas ocasionados por válvulas fracas. Liga o ventilador que alimenta o balonete de ar no interior do balão, que pressionará o hidrogênio e devolverá a tensão ao invólucro exterior. A popa parece uma tromba flácida de elefante, as cordas arquiam, chicoteiam e são cortadas pela hélice. *Mon Dieu!* E qual será a terceira surpresa? Em Ribeirão Preto as pessoas dizem que as coisas ruins acontecem sempre em trio, a uma pequena tragédia segue-se outra mais dolorosa e uma terceira ainda pior para fechar o ciclo. Mais um pouco, a hélice romperá a seda e será o fim. Desliga o motor. E sem motor o ventilador não funciona.

Começa a cair. O normal seria desfazer-se do lastro e amortecer a queda, mas não nesse caso, não tão perto dos ferros da Eiffel, um pouco menos de peso e o vento lançará o balão contra eles. Manter o lastro, evitar um choque com a torre usando o cabo-pendente, o leme balança fora de controle sob a popa. A torre se aproxima veloz, enorme. E desvia-se. Por um triz! Agora sim, despejar o lastro; abre as torneiras, pequena chuva de verão sobre Paris. A melhor alternativa é o Sena, se for possível. Uma corrente arrasta o "SD-5" para o Trocadero, 50 metros, 40 metros. Melhor esquecer o rio, o impacto não será violento sobre a copa das árvores, se puder forçar o cabo mais um pouco, baixar a parte do balão que continua tensa, a proa ainda cheia de hidrogênio graças às divisões internas do invólucro. Em 30 segundos a aterragem. A barca rodopia, as coxas pressionam o selim, de repente o éter é montaria selvagem tentando cuspir o cavaleiro do lombo. O bico frontal rompe-se na quina de um telhado e o balão explode.

Abre os olhos: as pessoas lá embaixo, atônitas. Pássaros. O ruído da cidade reacende aos poucos em seus ouvidos atordoados. Sirenes de barcos. Engraçado! As duas imagens do pai como se fossem dois homens diferentes em um só. Pensara no pai antes de zarpar em Saint-Cloud e de novo agora há pouco. Mas como dois seres distintos. Ainda no solo estivera planejando dedicar à sua memória o Prêmio Deutsch, a conquista da dirigibilidade no espaço. Por gratidão, pela fortuna acumulada em muitos anos de trabalho, pela herança que permitiu a um rapaz de 19 anos desembarcar sozinho em Paris e dedicar-se integralmente às experiências de vôo; que lhe propicia até agora, e ainda durante muito tempo, as rendas necessárias à construção de aeróstatos, motores, dirigíveis. O maior e mais belo dos homens, o conselheiro mais lúcido: "Não se faça doutor, filho, estude mecânica". E por encantamento: a figura poderosa sobre o cavalo em Arindeúva construindo a primeira fazenda de café tecnicamente organizada, engenheiro e empresário, o verdadeiro doutor Henrique Dumont. E há pouco, na confluência espoucante do hidrogênio com a atmosfera, o relâmpago na memória do mesmo doutor Henrique, mas despojado de luz, e por isso outro homem, um impostor hemiplégico de olhos acabrunhados, esperando a morte. Um acidente banal, a queda de uma charrete, e o gigante se transforma no mais inútil e triste dos homens, sem ímpeto de lutar pela vida, sem lampejo. Como é possível coexistirem na mesma pessoa o fazendeiro senhor de Arindeúva, o Rei do Café, abridor de túneis e ferrovias, e aquele homem pela metade, sem sonhos, sem desafios, deixando-se invadir pela paralisia? Uma imagem que o perseguira durante meses após a morte do pai, havia 8 anos, e depois se ausentara por completo da lembrança, esmagada pela força do outro, do verdadeiro Henrique Dumont, para ressurgir por fração de segundo no momento da explosão.

As pessoas gritam lá embaixo, movimentam-se. Sente o corpo, os músculos reagem, deve estar tudo bem. Ergue os olhos, está sobre a armação de vime, emaranhado em cordas, arames e farrapos de seda.

A barca resistira ao choque, fixando-se como uma ponte em declive a 15 metros do solo, entre a parede do hotel Trocadero e um teto mais baixo. O equilíbrio é extremamente precário, qualquer movimento pode ser fatal. Mas não há nada a lamentar, a lição foi dada e aprendida; tem de solucionar o problema das válvulas e devolver a hélice para a proa, como no "SD-4", apresentado durante a Exposição Universal. Talvez o leme também na frente, e com certeza aumentar a cubagem, uns 600 a 700 metros...

* * *

– Santos, veja que bonito! – A princesa Isabel estende a mão e movimenta-se para a direita e a esquerda, mostrando o pequeno relógio de ouro alojado em um bracelete antigo.

Alberto se curva, colhe a mão no ar e beija-a; observa a jóia.

– Boa noite, Alteza. Maravilhoso! Ourivesaria de Minas Gerais, onde nasci, é inconfundível! Eu uso no braço esquerdo, Alteza. É mais prático nas operações de vôo e também para que se dê corda no mecanismo com a mão direita.

Isabel tira o bracelete, coloca-o no braço esquerdo, avalia o resultado da troca:

– É lógico, meu amigo.

Só então dirige-se à acompanhante de Alberto, a pequenina Lantelme, dizendo-se encantada em conhecer uma atriz de tantos sucessos. Lantelme flexiona graciosamente os joelhos e num gesto infantil também exibe o seu relógio, preso ao pulso.

A história começou dias antes, quando Alberto caiu com o "SD-5" nos jardins de Edmond de Rothschild, sem graves conseqüências, e permaneceu no local durante toda a tarde com seus auxiliares, resgatando o balão enfiado entre as árvores. Do seu palácio, vizinho a Rothschild, a princesa Isabel viu boa parte do acidente e enviou uma refeição para o grupo. Alberto foi ao palácio agradecer, e a princesa deu-lhe uma medalha de São Benedito, talismã contra acidentes. Prendeu a medalha a uma fina corrente de ouro branco e atou-a ao pulso direito, a mão do comando. Eureca! A idéia de fazer o mesmo com um relógio, o que facilita a consulta quando ambas as mãos estão ocupadas, como acontece tantas vezes no espaço, e fica difícil puxar o patacho da algibeira. E assim fez. Os jornais publicaram a foto do "primeiro relógio de pulso, outra novidade da aeronáutica", e a moda tomou conta de Paris.

Os d'Eu, a princesa e o conde, estão entusiasmados com a possibilidade de um brasileiro solucionar a questão da dirigibilidade dos aeróstatos. "É um jantar em ação de graças", brinca o conde, referindo-se ao acidente no Trocadero. Uma reunião muito no estilo dos d'Eu, juntando duas gerações em torno de assuntos palpitantes. Na casa dos 60 anos, além dos anfitriões, estão o duque e a duquesa de Dino, príncipes de Mônaco, e o general André, ministro da Guerra francês. Com menos de 30, Alberto e seus amigos: os

O VENTO

aeronautas Paul Tissandier, Augusto Severo, conde de la Vaulx, conde Lambert, o desenhista George Gousart, Lantelme, a glamorosa Maria Barrientos e a cubana Aída de Acosta, campeã de uma nova modalidade esportiva, o esqui aquático, e ansiosa por conduzir um balão. É o grupo mais chegado a Alberto em Paris, com exceção dos seus mecânicos e da dupla Lachambre & Machuron, com quem passa a maior parte do tempo, planejando e construindo balões. Gousart faz a cidade rir todas as manhãs com as caricaturas que publica nos jornais sob o pseudônimo de Sem e é um dos responsáveis pela popularidade de Alberto, um dos seus personagens mais constantes.

– Devo minha vida à medalha de São Benedito, o meu amuleto real. Acredito na fé, no ato de acreditar, na certeza da presença de uma inteligência superior centralizando tudo e ao mesmo tempo em constante expansão, como um fluido. Uma inteligência, ou seja lá o que for, com a qual podemos entrar em contato de várias maneiras. Lá em cima estas coisas nos parecem menos misteriosas.

– A São Benedito e aos bombeiros...

– É claro. Muitas rotas podem chegar a Deus e são muitos os seus mensageiros, os que nos trazem as suas respostas. As vidas são salvas por pessoas, por um são-bernardo ou um cão vira-lata, por um galho de árvore, qualquer coisa pode acontecer no momento exato em que deve acontecer. Devo minha vida aos bravos bombeiros de Paris e à flexibilidade da madeira que usei como quilha da barca e que suportou o impacto nas duas extremidades, arqueando sem romper. Uma madeira especial, muito rara; existe apenas no Brasil. É o pinho-do-paraná, *araucaria angustifolia*, uma elasticidade inacreditável...

Fala-se francês e português, uma exigência da princesa. A conversa sobe às nuvens e desce às oficinas. Obedecendo a um projeto de Santos Dumont, o duque Dino está construindo um aeródromo em seu principado, o Hangar, como foi batizado por Alberto, que deveria ter ido a Monte Carlo supervisionar os trabalhos, mas nada o fará sair de Paris antes de voar com o "SD-6", já em andamento, e tentar de novo o Prêmio Deutsch.

– Sonhei com você, Alberto.

– Como foi, Aída?

– Esplêndido!

– Então me conta.

– Se contar, o sonho nunca será realizado. – Aída de Acosta afunda a verde mirada nos olhos flagrados de Alberto, um milhão de palavras, promessas, ofertas. Um milhão de desafios, feitiço do Caribe. Aída elástica na quadra de tênis, Aída deusa morena sobre as águas, Aída ultrapassando a 40 quilômetros horários em seu Peugeot, mostrando a língua. Animal misterioso e insaciável, a mulher! Não sabemos qual o limite da sua ambição, há sempre um movimento a mais, corrida de surpresas que nunca chega ao fim, xadrez de enigmas! O ímã deste olhar de vertigem, verdes abismos submarinos! O que me aguarda no fundo do triângulo das Bermudas?

O VENTO

– A serpente hipnotizando o pássaro! – Lantelme intervém, resgata Alberto, puxando-o para longe de Aída, murmurante: – Não faça isso comigo, sou capaz de enlouquecer! Lembre-se de tudo o que me disse hoje à tarde, meu querido, e todas as coisas que confidenciei a você. – Alberto nada tem a dizer, sorri para Lantelme e sente-se aliviado com a aproximação do conde.

Falam sobre o Brasil, impulso natural liberado pelo surgimento de uma garrafa de cachaça, aperitivo predileto do conde desde a campanha do Paraguai e que se tornou um hábito nos dias agitados do Rio de Janeiro, durante a abolição da escravatura. Esses fatos pertencem ao passado. Nesta noite de 1901, o conde d'Eu, a princesa Isabel e os aeronautas Augusto Severo e Santos Dumont falam sobre o presidente Campos Sales, que recebeu de Prudente de Morais um país ainda sangrando com a guerra de Canudos, devendo aos banqueiros ingleses e inflacionado, com aumento galopante do custo de vida. Negociou com os credores e conseguiu uma moratória da dívida externa, o *funding loan*, estabilizando a economia e detendo a inflação. Não está sendo tão feliz no plano político. Foi levado a fortalecer os governos e as oligarquias estaduais a conselho do vice-presidente Rosa e Silva, pernambucano, que agora faz cruzadas oposicionistas pelo país. Na origem da crise está a discordância de Rosa e Silva e de todos os políticos e coronéis nordestinos e de Minas Gerais quanto à articulação da sucessão presidencial, encaminhada no sentido de levar ao poder o paulista Rodrigues Alves, depois dos

SANTOS DUMONT

igualmente paulistas Prudente de Morais e Campos Sales. Minas e o Nordeste querem a Presidência.

À mesa, entre Aída e o general André, com Lantelme defronte, enviando mensagens secretas com biquinhos e meneios, Alberto tem dificuldades para se concentrar nas palavras do ministro da Guerra, o homem de confiança do presidente Loubet. Foi ele quem sugeriu à princesa e ao conde um encontro informal com os aeronautas brasileiros, mas não se interessa pela erudição de Augusto Severo, cujos balões estão bem atrás dos "SD" na corrida pela dirigibilidade. A atenção do Governo, como de grande parte dos parisienses, está voltada para Santos Dumont, com seus 50 quilos, um metro e meio de altura, jóquei do ar.

– Sim, general. Santos do Brasil, da cidade de Santos, e Dumont da França. Meus avós paternos eram franceses, meu pai estudou aqui em Paris, na École de Arts et Métiers. A França é minha segunda pátria.

– Isso muito nos orgulha. Se o senhor conseguir o controle das suas aeronaves, elas se transformarão em instrumentos práticos, que devem ser levados em consideração em tempo de guerra. Agora, por exemplo, na África, uma aeronave dirigível poderia observar o movimento das tropas inglesas e ajudar nossos amigos a defenderem o Transvaal. Em outra situação poderia levar provisões a uma cidade sitiada, ou mesmo evacuar pessoas, alçando-se além do alcance das balas.

– E também lançar bombas sobre o inimigo, provocar incêndios. Tenho plena consciência disso, general

O VENTO

André. Mas nós, aeronautas, somos esportistas, e toda a nossa atividade inspira-se no desejo de paz e compreensão entre os povos, que é o sentido mais profundo do esporte. Conquistando novos recordes nós nos aliamos à ciência, ao esforço na busca de novas tecnologias. Os dirigíveis serão um grande meio de transporte...

– O senhor sabe que analisar a questão por esse ângulo, pelo que nós pessoalmente desejamos para o futuro, não reflete a realidade dos fatos.

– Claro, não sou tão ingênuo...

– Os alemães estão bem avançados em suas pesquisas, e estão com pressa.

– Eles têm um aeronauta muito bom, o conde Von Zeppelin... – Alberto interrompe a frase e a conversa some da mesa ao soar a campainha de um telefone, dos primeiros instalados em Paris. Mensagem para o general André, que vai ao aparelho e retorna preocupado; tem de se retirar, reunião urgente do Governo, o presidente William McKinley, dos Estados Unidos, foi assassinado a tiros por um anarquista.

Lantelme puxa a blusa com força, ansiosa, rasga o tecido e traz a cabeça de Alberto de encontro ao seio libertado.

– Eu sou sua, meu querido, beije-me, abrace-me, aperte-me! Você não entende? Quero um filho seu, agora, por favor!

O mamilo rígido, macio ao toque da língua, ele fecha os olhos. Um filho? Algo tão definitivo e complexo

SANTOS DUMONT

quando está prestes a alcançar o que pode ser a maior conquista da humanidade! Quando todas as energias estão lançadas como um feixe de luz sobre a prancheta de desenho, quando nem sabe se é dia ou noite, se tem fome ou sede! Por que se ligou tanto a Lantelme? Por ser tão pequena e enxuta de carnes como ele? Por fazê-lo esquecer e afastar as mulheres enormes e gordas e gulosas tão apreciadas por seus amigos? Ou por sua ternura, pelo falso ar de criança indefesa? A falsa candura que de repente pode destilar veneno, capaz de cuspir fogo sobre Aída de Acosta! Que me quer possuir como coisa sua, a mim que não quero amarras, nada que seja um lastro pesado demais. Lantelme, o fulgor de fada no palco da Comédie, o coração em suspenso na poltrona, os olhos buscando-a na multidão quando a barca solta âncoras e se lança para o alto. A necessidade de tê-la por perto, de aceitar a carinhosa perseguição, de saber que ela o deseja. Mas nunca o incêndio da volúpia, nunca aquela agonia dolorosa do colégio em Campinas, quando o menino afagou suas pernas dizendo que eram bonitas, o menino em Campinas, Miguel, o doce amargo do que é duplamente proibido, o amor de amigo. Aquele anseio jamais concretizado, sufocado pelo medo dos olhos e ouvidos do mundo, temor do pecado. Nunca aquele incêndio, Lantelme, com você não. Em nenhum momento o arder das chamas injetadas pelos olhos de Aída, os raríssimos momentos de erupção e desnorteio.

– Você não me quer! Simples, humilhante, só isso, você não me quer, nunca quis! – Ela se afasta respi-

O VENTO

rando em golfadas, tenta dizer outras palavras, alguma coisa mais açucarada ou inteligente, alguma fala de Molière que possa esconder ou vingar a frustração antes que se transforme em despeito e fúria, mas não consegue, sílabas entrecortadas por tremores que nascem do ventre e se alastram pelo corpo, indomáveis. Ele se aproxima, toma-a nos braços, cobrindo a nudez decepcionada, enxugando as lágrimas, quem consola será consolado, como quem abraça a irmã que levou um tombo do balanço. O que queria agora era ser música, puramente, uma valsa serena nas planícies do céu.

–Tudo checado, força ascensional de 690 quilos. Confere? Muito bem. Atenção, Lachambre, Tony, Machuron, vou começar a contagem regressiva. Dez... Nove... Oito... – Alberto vê apenas o seu grupo de trabalho em torno da barca, sob o grande balão, as mãos tão suas conhecidas desfazendo as amarras e sustentando os cabos, esperando o instante em que devem abrir-se ao mesmo tempo para que tudo saia perfeito. Ignora a Comissão Científica e a centena de pessoas no relvado do Aeroclube Saint-Cloud, o murmúrio de surpresa com a contagem às avessas em vez do tradicional "larguem tudo!", essa gente rica e elegante sempre curiosa em saber qual o novo lance do pequeno aeronauta, as coisas que usa, chocam e depois viram moda, o relógio-pulseira, o chapelão desabado, o diamante na orelha, os cabelos divididos ao meio. Não imitam o que só Alberto ousa fazer, para si, em nome

SANTOS DUMONT

de sua própria coragem. – Sete... Seis... Cinco... – Ignora o povo que se aglomera mais ao longe, em volta do campo, rostos anônimos que brotam das fábricas e mercados salpicando as ruas de sorrisos e espantos, mãos que abandonam por um minuto o cabo do arado para acenar e encorajar, e que tantas vezes o lançaram mais para cima e para frente, toureiro alado dançando o canto dos olés, cara a cara com a morte. Hoje não vê ninguém, apenas os dedos treinados de sua equipe, concentração total. – Quatro... Três... – Um vôo cientificamente programado por e para Alberto Santos Dumont, brasileiro, solteiro, 27 anos, nascido a 20 de julho de 1873 na fazenda Cabangu, em Minas Gerais, mestiço de pele branca e gengiva roxa, residente em Paris, nos Champs-Elysées, 114, esquina da rua Washington, inventor, esportista, signo Câncer e suas conseqüências, exigente, perfeccionista, minucioso, seguro e hábil, o melhor piloto aéreo do mundo. – Dois... Um... – Em menos de meia hora eu serei o senhor dos ventos, muito além do Prêmio Deutsch e da glória dos mortais, anos-luz além esse triunfo no território do sonho humano. – Zero...

O dirigível "SD-6" arranca para o alto, o cronômetro da Comissão Científica marca 14 horas e 42 minutos. O Deutsch é tentado pela décima vez desde quando foi instituído, há um ano, e, com os juros acumulados, está em 129 mil francos. O entusiasmo e o companheirismo entre os aeronautas não é mais o mesmo da Exposição Universal, os repetidos fracassos, divergências ideológicas e mulheres fracionaram o grupo, ocasionaram brigas, desavenças, desconfianças. O "SD-6" eleva-se em direção à torre Eiffel abrindo um ângulo de 45 graus, suportando sem desvio de rota o vento que açoita de lado quando atinge 40 metros de altura. Alberto esteve ausente das reuniões agitadas do Aeroclube, dos bate-bocas nos campos da aerostação, longe de tudo e de todos, trancado na oficina de Lachambre e Machuron durante um mês, comendo e dormindo lá, ao pé da usina de hidrogênio, criando cada peça deste complicado aparelho que agora voa à velocidade de meio quilômetro por minuto, direto para a torre. Balão elipsóide equipado com 3 válvulas de gás da marca SD, confeccionadas em dois dias e três noites insones e obcecadas até conseguir a pressão ideal, nem mais nem menos, o exato. Motor 4 cilindros e 12 cavalos inteiramente recondicionado, agora com circulação de ar pelo vértice e pela culatra, comunicando à hélice uma força de tração de 66 quilos; sai da frente, minha gente. Hélice e leme na proa, cabo-pendente mais curto e mais grosso, pesos móveis entre o balão e a barca correndo sobre cordas de piano. O que sobra já estava resolvido e aprovado, vime, seda, pinho-do-paraná, juntas de alumínio, selim de bicicleta, lastro d'água. O que sobra é com as mãos e a cabeça, firmes no cabo, precisas na aceleração, suaves no leme. Eis a torre, agora vamos subir mais um pouco, balãozito, vamos ficar 10 metros acima do pico. E bem mais à direita, para evitar surpresas, meu gigantinho obediente. Agora para a esquerda bem fechado, mais ainda, um semicírculo perfeito em torno do pára-raios. São 14 horas e 51 minutos, vencemos 5 quilômetros e meio e mais a manobra em nove minutos, canoa de hidrogênio!

A volta é bem mais difícil, vento contrário. O compressor estala, o motor soluça. Tento, Alberto, é preciso tomar uma medida rápida, os ouvidos treinados para saber de onde vem a nota dissonante: é o carburador. Solta o leme, gira o corpo sobre o selim e fica montado ao contrário como um vaqueiro em show de rodeio, toda a poderosa concentração sobre o motor, os dedos que consertam em um abrir e fechar de olhos a maneta, uma nova regulagem na alavanca de comando da faísca elétrica, e está de novo girando sobre o selim, leme na mão, pesos móveis correndo em seus trilhos. Abrir a válvula para aliviar a dilatação da subida, soltar um pouco de lastro e seguir em linha reta, balãozito, como estou mandando, comandando, aqui mando eu, no espaço faço valer minha vontade, homem e deus, dono do fogo do céu para o bem e para o mal, eu, Dédalo do Brasil! Comando sobre a verdura do campo de corridas de Auteuil, sobre o frescor do Bois de Boulogne, mantendo a aeronave na horizontal. Aeronave, nave aérea, a primeira a merecer o nome. E agora com a proa para cima, voando em diagonal. Quanta gente lá embaixo, quantos lenços! Parece que todos saíram às ruas. Não vou cair nem explodir, formiguinhas, estou correndo contra o vento, contra o tempo, em aceleração máxima. Comando sobre a listra prateada do

Sena, sobre os tetos de Paris trafega uma canção de amor. Sobre os tetos do mundo a minha canção, para mim. Não há tempo para planar sobre Saint-Cloud e aterrisar na vertical, a volta foi demorada. Manter a velocidade e descer em mergulho de 40 graus, vamos nós, balãozito. Curva à esquerda, o Sena fica para trás e vamos no tobogã. Estamos a mais de um quilômetro por minuto, u-la-lá! E em cima da hora. Longchamps para trás, as árvores passando depressa, o marco branco lá no meio do campo, meu Deus! É uma multidão!

O "SD-6" penetra em velocidade no espaço aéreo do Aeroclube, o balão enorme em diagonal, a barca descendo sobre as pessoas, que gritam assustadas. Desliga o motor, lança os pesos e o cabo-pendente para a proa, o bico frontal abaixa de vez e o "SD-6" diminui a marcha. Abre todas as válvulas, um movimento forte do leme para a direita coloca o flanco do gigante contra o vento, a aeronave treme e baixa sobre o poste de chegada. A 3 metros do solo Alberto lança o chapéu em direção à Comissão Científica e aponta o relógio de pulso: são 15 horas, 11 minutos e 30 segundos. Todo o percurso foi feito em 29 minutos e meio. O vento empurra o balão mais alguns metros, Alberto completa a manobra de atracamento, Machuron pega o cabo e ata-o.

Alberto salta da barca para os braços do povo, o campo invadido por centenas de pessoas, a Comissão Científica sendo levada de roldão na onda ululante. "Santos! Santos! Santos!" Salamandra de braços e bocas. "Vão arrebentar a aeronave, cuidado!, ponha o balão mais para cima, Lachambre." "Rei dos ares, Santos, viva a França! Campeão, campeão!" As pessoas estão rindo e chorando e berrando, possuídas, tontas, exacerbadas, maremoto de caras e dentes que o arrasta para fora dos terrenos do Aeroclube, para as ruas arborizadas de Saint-Cloud, onde novas vagas somam-se à multidão, automóveis buzinando, cheiro forte de hálito e suor, as folhas de outono caem em maior quantidade, sopradas pelo alarido. *Evoé*! Uma chispa no mar encapelado, a luz verde de um farol que acende, apaga e se perde na borrasca. Apóia as mãos na cabeça do atleta que o leva sobre os ombros e ergue o tronco, estica o pescoço procurando o sinal luminoso que piscou no meio do turbilhão, talvez uma miragem. "Santos, meu amor!" Volta o rosto, o sotaque do Caribe: o esplendor do riso moreno-cobre, Aída de Acosta em cima de um automóvel, braços abertos, promessa, oferta, desafio, sereia americana boiando à superfície, tentação dos abismos submarinos. Toca na cabeça do homem que o carrega, mostra o rumo do rochedo onde iemanjá *cubanacan* entoa a melodia alucinógena: "Santos, meu amor, senhor do espaço!" Aída sobe nos ombros de alguém, cai sobre as cabeças. Loucura! Ela vem ao meu encontro. Que faço aqui? Ao mar! O povaréu volta a atenção para o ponto que o herói quer atingir e descobre Aída se equilibrando sobre ombros e cotovelos, com a roupa esvoaçante de *vuale* branco. O ruído aumenta, gritaria, mãos e braços são oferecidos

O VENTO

às centenas e os dois se aproximam pouco a pouco, vencendo a distância, o mergulhador e a sereia na maré bravia, escorregando, agarrando, caindo, levantando, afundando, emergindo, sorrindo. Encontram-se sobre o tumulto do leito humano, abraço apertado no vaivém da procela, boca a boca o beijo pleno de apetite, animais esfomeados, vendaval, o estrondo dos aplausos.

CAPÍTULO 2

A MÁQUINA

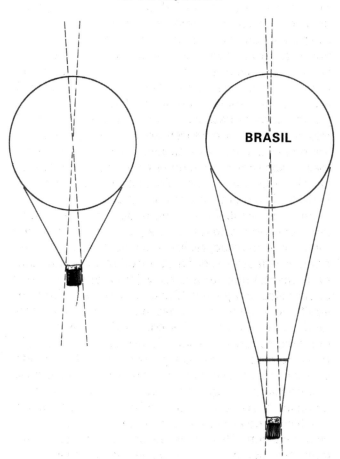

A MÁQUINA

– Muitos ainda se lembram do "Brasil". Esférico, meu primeiro e último balão não-dirigível. Depois dele, todos os outros foram, em menor ou maior grau, se aperfeiçoando de um para o outro até o "SD-6", que posso controlar com absoluta segurança no espaço. Nunca imaginei que fosse mais fácil ganhar o Prêmio Deutsch do que recebê-lo. Não se trata do aspecto moral, pois a minha vitória foi clara, testemunhada por milhares de pessoas, confirmada por centenas de relógios. Prova disso é a isenção de vocês, jornalistas da imprensa francesa e internacional, as manchetes de primeira página em todo o mundo, as declarações de Edison, Langley, Marconi. E o emocionado carinho do povo de Paris. Esse, o prêmio maior que posso receber. Trata-se apenas de estabelecer a verdade histórica, e para tanto basta-me este quadro de giz. Antes de construir meu primeiro balão, realizei mais de trinta ascensões, e a partir dessa experiência introduzi uma mudança fundamental nos aeróstatos. Vejam a diferença entre os modelos antigos e o "Brasil". Desloquei o ponto de equilíbrio, modificando o desenho da barca e aumentando o comprimento das cordas de sustentação, o que solucionou a questão da estabilidade dos esféricos. Ao mesmo tempo demonstrei que tal estabilidade era insuficiente para as manobras de largada, curso e aterrissagem. O que nos levou, a mim e aos outros aeronautas, a pesquisas com balões de forma alongada.

– Nessa nova perspectiva projetei o "SD-1", balão cilíndrico com 25 metros de ponta a ponta, 3,5 de diâmetro, 180 metros cúbicos de gás. Nesse aparelho formulei as equações básicas relativas ao vôo de objetos mais leves que o ar, buscando a resposta exata para cada um deles nos projetos seguintes. Com o "SD-1" iniciei a conquista do Prêmio Deutsch antes que ele fosse instituído, e quando me elevei de Saint-Cloud, no dia 19 de outubro de 1901, com o "SD-6", tinha a absoluta certeza de que poderia pilotar um navio no céu. Fiz o percurso em 29 minutos e meio, desde a partida até o momento em que planei sobre o marco de chegada. Agora a Comissão Científica discute se a prova terminou aí ou um minuto depois, quando os meus pés tocaram o solo. O regulamento não se referia à manobra de atracamento; além disso, não pisei no chão, o povo não permitiu (saltei dos braços de Deus para o abraço de Aída, porto do meu destino, sem medo, sem lógica, sem dor, renascer! Vocês não sabem quem sou, quem é este homem

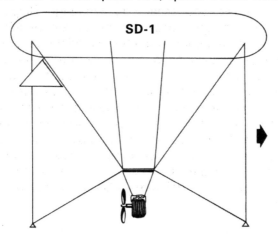

A MÁQUINA

com um pedaço de giz na mão, o sangue fervendo, o coração desvairado). Naveguei no espaço pela primeira vez há mais de dois anos, com o "SD-1", durante 10 minutos, à velocidade de 20 quilômetros por hora. Explico por que: hélice e leme, impulso e direção.

– Contra todas as opiniões, introduzi o motor a petróleo na aeronáutica. Um motor capaz de transmitir à hélice presa à barca 1.200 rotações por minuto. As leis fundamentais da dirigibilidade foram descobertas e postas em prática no "SD-1"; o resto é conseqüência. Agora tentam negar-me o prêmio e acusam-me de lançar o povo contra a Comissão Científica porque anunciei que os 129 mil francos a que tenho direito serão distribuídos entre os pobres de Paris. Quando ganhei o prêmio de encorajamento do Aeroclube, com o "SD-4", há um ano, e destinei o dinheiro para o resgate dos instrumentos de trabalho penhorados, fui aplaudido. Desta vez sou tachado de demagogo! Dispenso aplausos e apupos, fico com minha consciência. O maior incentivo para as minhas experiências de vôo vem do povo, da gente que trabalha duro de sol a sol e vê nos balões um símbolo de liberdade. Milhares de instrumentos de trabalho voltaram às casas de penhor, enquanto aumentam o desemprego e a mendicância... O resto é conseqüência, dizia eu (não me olhe assim, Aída, explosão contínua no meio da platéia, verdes faíscas de mar incandescente, esses olhos de paixão, caraíba feminina, mel de mil fêmeas que nunca tive! Sirena sereia, deixe-me falar, pensar! Deixe-me ver as outras pessoas! Onde é sua morada? No meu peito, no meu pênis, na minha cabeça?). Todos os dirigíveis são versões melhoradas do "SD-1", os que construí e os que virão a partir de agora, cruzando os oceanos, ligando os continentes, aproximando os povos, mudando a vida do mundo.

– O projeto seguinte, o "SD-2", era muito semelhante ao primeiro quanto à aerodinâmica. Apenas um diâmetro maior, 20 quilos a mais na força ascensional. Precisava disso para testar a resistência e a maleabilidade dos instrumentos. Havia novidades em outros aspectos, nas válvulas automáticas de ar e gás, na conjugação de dois motores no mesmo cárter e com um só carburador, que resultava em mais potência e menos peso. Na segunda ascensão com o "SD-2", o mau tempo determinou uma grande contração de gás e, antes que a bomba de ar superasse o problema, o balão dobrou e escapei de mais um acidente (a loucura é um acidente no longo vôo? Preciso ir a Portugal, mamãe não está bem, nunca esteve desde a morte de papai; pensamos que a cidade do Porto pudesse amenizar a sua inquietude, a sua ânsia sem causas e fins aparentes, a sua indisposição para com o mundo, tudo inútil. Sofia e Chiquinha estão com ela, já deviam ter casado, já deviam estar trilhando seus próprios caminhos, mas dedicam a vida a mamãe, dona Francisca das alucinações, pobre mulher, pobres irmãs. E os outros, por que não escrevem? Virgínia, Luís, Gabriela, Rosalina, o que está acontecendo no Brasil? O que acontece em Portugal?). Os benditos acidentes! Sem

A MÁQUINA

eles eu não teria avançado. A destruição do "SD-2" foi uma lição muito proveitosa, a visão do balão dobrado sobre a minha cabeça fez-me evoluir da forma cilíndrica para a oval.

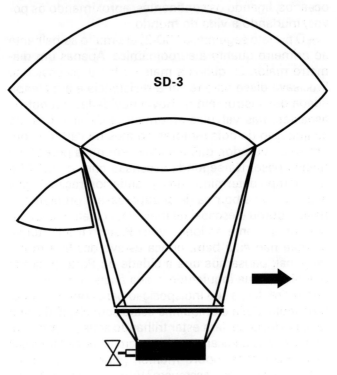

– E também do hidrogênio para o gás de iluminação, cuja força ascensional é bem menor, o que me permitiu partir da oficina ou de qualquer lugar para vôos experimentais. Com o "SD-3" pude exercitar-me como navegador aéreo, descrevendo círculos, correndo em linha reta, realizando subidas e descidas diagonais com a força do propulsor. Com a forma oval adquiri o controle dos meus pesos deslocáveis. O novo gás forneceu-me as indicações para o controle da dilatação e da contração do balão, que ocorrem segundo a maior ou menor altitude, a umidade da atmosfera e a velocidade. Conhecimento essencial na aerostação controlada é subir sem sacrificar o lastro e descer sem sacrificar o gás (conhecimento essencial na vida, alçar vôo sem abandonar os pesos humanos, voltar ao chão dos homens sem perder a energia que permita alçar vôo de novo, novo e oval, o nobre gás da emoção, emulsão, elixir do amor, Aída centelha dourada na cama, a dois metros do solo – "Você é chocante, Alberto!" –, as coxas ardentes abertas em vórtices, sorvedouro de espantos. Aída, quem penetrou em quem? Quem possuiu o que do outro nessa voragem de revelações?). A constante mudança na forma dos balões

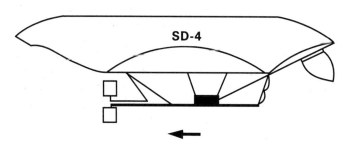

A MÁQUINA

está muito ligada ao problema das dilatações e contrações do gás. Do redondo para o cilíndrico, deste para a forma ovalada, e no "SD-4" a assimetria.

– É a mais conhecida das minhas naves, estreou durante a Exposição de 1900. Os amigos recordam que o selim de bicicleta fez muito sucesso. No entanto, não era a inovação mais importante, era apenas um dos elementos do *cock-pit*, do avanço que consegui instalando uma quilha de bambu sob uma rede de cordas fortemente esticadas. Como uma teia de aranha, sustentava diretamente o motor, a hélice e sua maquinaria, o lastro, o tanque de gasolina e o navegador. Uma rede em vez da barca. Mais importante ainda: a hélice tratora, instalada à frente e não atrás, puxando a nave em vez de empurrá-la. Motor de 7 cavalos, 100 rotações por minuto, 30 quilos de tração. Pela primeira vez elevei-me contra o vento. Os testes indicaram-me a necessidade de dobrar a propulsão, adotando um motor de 4 cilindros. O projeto de um dirigível exige conhecimentos técnicos variados: mecânica, modelagem, soldagem, funilaria, marcenaria, eletricidade. Conhecimentos científicos na área da física, da química dos gases, da matemática, da astronomia. E exige um aeronauta, um ser com perfeita percepção de equilíbrio, consciente e senhor de seu corpo, que possa sentir na pele a mudança de uma brisa, por mais suave que seja. Todos esses dons e saberes eu empreguei na escala mais alta que a natureza me permite para criar o "SD-5", com 33 metros de comprimento, cubagem de 550 metros.

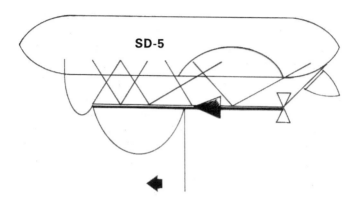

– Respondendo ao desafio das correntes, inventei um motor sem camisa d'água, resfriado a ar. Um sistema utilizando o próprio vento como elemento da máquina. O navegador não pode considerar o vento um inimigo, sob pena de ser destruído por ele, um deus invencível quando quer; às vezes um doce contato de pelúcia, outras vezes o ataque mortal de um tigre do tamanho do mundo com seus dentes de sabre. Faço do vento meu aliado para que ele me revele seus segredos. Com a refrigeração a ar consegui um motor de 4 cilindros, 12 cavalos, capaz de manter aceleração máxima durante muito tempo, permitindo-me operações inéditas com o leme. Consegui 140 rotações para a hélice, que voltou para a popa por uma questão de equilíbrio, e que retornaria definitivamente para a proa no projeto seguinte. Mudei o desenho da hélice, agora com pás triangulares. Saibam

A MÁQUINA

que os cabos e as cordas comuns opõem grande resistência ao ar. Reduzi essa resistência com um *cockpit* também triangular, de madeira leve e rígida, e com a utilização de cordas de piano na sustentação. Introduzi o lastro d'água. E naveguei sobre Paris, fui para a direita e a esquerda, para cima e para baixo, a meu bel prazer. A explosão no Trocadero foi um acidente mecânico, pane em uma das válvulas, sem relação direta com minha habilidade de piloto ou com a dirigibilidade do balão. Eu tinha as respostas, eu dialogava com as correntes, fiz-me o traço de união entre o vento e a máquina. E foi nessa condição, soprohomem-engrenagem, que construí o "SD-6", uma nave maior e mais estável, balão de hidrogênio cubando 630 metros, um elipsóide alongado com as extremidades em cone.

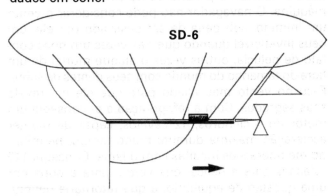

– O importante neste projeto é a força ascensional de quase 700 quilos e o empuxo do meu motor

SANTOS DUMONT

refrigerado a ar. Uma grande força de tração, jamais alcançada antes, e que se traduz numa velocidade que pode atingir os 60 quilômetros horários. Com os aparelhos anteriores naveguei como um capitão solitário, criando e quebrando recordes para mim mesmo, e com "SD-6" realizei a primeira viagem aérea cientificamente controlada por uma comissão oficial. Repetirei amanhã, depois de amanhã e quantas vezes quiser o mesmo percurso do Prêmio Deutsch em menor tempo do que o exigido na prova. Ou qualquer outro roteiro, com sol ou chuva, com rajadas ou calmaria. Aceito desafios e qualquer um deles não será maior do que aquele que faço a mim mesmo, o de criar dirigíveis mais velozes, mais dóceis e mais fortes que o meu poderoso "SD-6", o de ultrapassar as barreiras da gravidade e um dia voar com máquinas, sem balões (o tempo enganado, presente-passado-futuro, nada mais que um segundo, estrela cadente, espírito sideral, velocidade ultraluz, eterno e fugaz, Aída de Acosta, ato de amor). Alguma pergunta, senhoras, senhores?

* * *

Verão transbordante em Monte Carlo, as corridas de barco, a inauguração do aeródromo da Condamine, os vôos com o "SD-6" sobre o Mediterrâneo, a celebridade, os ecos da fama que se espalha pelo mundo inteiro. A conferência de imprensa encenada em sua casa em Paris resultaria em uma nova imagem de Alberto. Não apenas pelo que dissera, mas também

A MÁQUINA

pela descrição que cada repórter mandou ao seu jornal do pequeno e tranqüilo navegador, o bom humor, a obsessão pelo espaço, a extravagância da decoração, a mesa de jantar a três metros do piso – "Vivo melhor nas alturas, quanto mais alto, mais leve" –, a estante com livros de astrologia e ocultismo, os dois orixás africanos pendurados no teto, girando devagar – "Ogum, o deus do ferro e de todos os que trabalham com ferro, o deus dos mecânicos e condutores de automóveis, barcos, trens, e dos aeronautas; e Iansã, a deusa dos ventos e das tempestades" –, as maquetes de aparelhos estranhos, engrenagens complexas, articuladas, quimeras de metal. Os 129 mil francos de Deutsch, pagos no dia seguinte, foram repassados ao chefe de polícia de Paris para o resgate, pela segunda vez, dos instrumentos de trabalho penhorados pelos pobres. O governo brasileiro concedeu-lhe prêmio de valor idêntico, com o qual contemplou regiamente sua equipe, e enfrenta agora as despesas do projeto múltiplo a que se dedica, a construção de três naves com tamanho, peso e finalidades diferentes.

Quando está fechado em seu estúdio, no aeródromo, levantando os olhos da prancheta para o mar, tenta fixar este ponto: a que se dedica realmente? Aos cálculos dos aparelhos, à análise dos materiais, ao aperfeiçoamento dos carburadores? Ou simplesmente a Aída, à surpreendente descoberta da mulher? Às noites loucas em Paris, seguiu-se a meiga efervescência em Monte Carlo, o desabrochar de uma Aída romântica e lânguida sobre os lençóis, adiando o momento do

48

enlace, dizendo que intuir é mais gostoso que fazer, o bom da festa é esperar por ela. Uma Aída que desperta transformada a cada manhã, aquece os músculos e sobe no esqui aquático para fazer acrobacias em torno do rochedo de Mônaco. Aída aeronauta, a primeira mulher a pilotar um dirigível, praticamente exigiu decolar com o "SD-6", mostrou-se uma aluna excepcional durante as instruções e realizou um vôo de vinte minutos sobre a baía. Aída solar, vesperal, pura coragem e adrenalina, esta Aída guarda o mesmo fascínio da sereia enigmática de Paris, o mesmo impulso de conquista e posse. O reverso da moeda, Aída noturna de dengues e meneios, dócil e pastosa, lasciva serpenteante, escrava de apetites enormes, esta é uma mulher igual às outras. Uma imagem que se confunde com as irmãs nos lençóis da fazenda Arindeúva, com o cheiro agridoce que sentia no quarto das mucamas, com as risadas selvagens das negras em Minas Gerais e das prostitutas em Amsterdã, insondável areia movediça, a natureza escorregadia da fêmea, corpo e alma. O lado sempre obscuro de dona Francisca das alucinações, o querer mais mesmo sem saber o que, a gula, o destempero; talvez por isso o pai tenha desistido de lutar, para não ter de enfrentar os olhos mendicantes, a boca babando desejo, chiando, o ventre exigindo estocadas e mais estocadas para acalmar-se, para não implodir em seu próprio buraco negro cheio de luz, cegante. Esta Aída enguia noturna é um desencanto. Durante a noite a paixão perde altura, ao sol volta a inflar-se, o varão ergue-se da flacidez medrosa quando

A MÁQUINA

Aída salta do *cock-pit* para a areia da praia, gritando "Quero voar a 100 quilômetros por hora, você tem de conseguir, Alberto". Ali, naquele momento, ele rasgaria suas roupas para mergulhar em suas carnes, na frente de toda a Monte Carlo. Delírios, delírios. Onde andará Miguel, o menino de Campinas? Como será hoje, um homem? Ou nunca cresceu? Como não cresceu na memória e no coração, doce e másculo, sem pedir, sem nada exigir, tomando, apossando-se, anjo-diabo, a mão na coxa trêmula, incendiada.

Sexo e vôo, os elementos cruzam-se sobre o Mediterrâneo, fundem-se em determinado instante, afastam-se logo depois, repelem-se. Alberto percebe a relação mas não tenta pensar nela, deve se concentrar na cubagem dos aparelhos. Ou alçar vôo e sumir nas nuvens, voltar horas depois ainda embriagado de éter. Ser feliz, enfim. Folgar as costas, gozar o verão ao lado de Aída e dos amigos que estão por perto, espalhados na Côté d'Azur. Mas nem sempre as visitas ajudam o relaxamento, o mundo agita-se em torno dos ocasos dourados de Monte Carlo, a dirigibilidade no espaço é uma conquista tecnológica importante demais para não pôr em atividade governos, espiões, militares, grupos econômicos.

Um dia aparece o ministro da Guerra francês, general André. Em definitivo o esportista Santos Dumont não pode fechar os olhos à corrida armamentista centralizada nos dirigíveis, às tensões entre o Japão e a Rússia, à instabilidade política em toda a Europa. Há que tomar uma posição clara quanto a isso, definir

SANTOS DUMONT

prioridades com relação à venda de patentes. Alberto lembra ao general que não registrou qualquer dos seus aparelhos, nem fará isso; segue os passos de Marie e Pierre Curie, os progressos da ciência devem ser de utilidade pública, bem de todos. O centro da questão não está nas patentes, está em responder a mais uma exigência, a corda no pescoço, a ponta da espada na garganta, a asfixia do poder que agora conhece em sua dolorosa intimidade. Como seria bom se pudesse apenas voar! Como é diferente decidir lá em cima, para si mesmo, colocar em risco apenas a si, e decidir aqui embaixo, com todo o peso da gravidade, a vida de milhares de pessoas em jogo, de milhões, uma palavra lançada no escuro. Decidir o quê? Uma posição clara quanto a quê? Enfim, um documento: oferece sua flotilha aérea para ser utilizada pela França contra qualquer país, com exceção dos países das Américas – "e no caso, que julgo impossível, de uma guerra entre a França e o Brasil, general, oferecerei meus inventos e serviços ao país onde nasci e do qual sou cidadão".

O general retira-se muito contente; Alberto passa mal o resto do dia e toda a noite, dor de cabeça, má digestão, insônia. Manhã seguinte, bem cedo, vai nadar, mergulhar, espiar os peixes. Sai da água disposto a não permitir que o acontecimento o transtorne por mais tempo. Minutos depois está a 50 quilômetros por hora em seu conversível Dietrich, disputando um pega com Aída, exultante no Peugeot. Correm em direção à Itália, à Suíça ou a Paris, Aída acompanha o

A MÁQUINA

impulso de Alberto sem perguntar por que, para onde, disposta a mais uma aventura com o parceiro imprevisível. Viajam durante todo o dia e parte da noite. Dormem numa estalagem e retomam a estrada. Aída tem problemas com o combustível e fica para trás. Alberto não se detém, não se preocupa com ela, Aída sabe resolver seus problemas, chegará bem a Paris. O destino de Alberto não é Paris, é além, mais ao norte, aonde chega de madrugada, após quarenta horas de viagem: Amiens, às margens do rio Somme, onde vive Jules Verne.

O velho mago o recebe cheio de contentamento, mostra sobre a mesa de trabalho uma pilha de recortes sobre o Prêmio Deutsch. E Alberto, encantado, por alguns minutos imerso em outra dimensão, realidade paralela onde o tempo não se move como um rio mas reluz como a superfície de uma lagoa, a lagoa de Arindeúva, o menino Alberto sentado na grama lendo *Cinco Semanas num Balão* e sonhando-se na barca ao lado do autor, o herói Jules Verne, o homem desenhado na contracapa com barbas longas e um meio-sorriso mergulhando até o centro da Terra, cruzando vinte mil léguas submarinas e voando, voando oitenta dias em redor do globo, voando da Terra à Lua, o sem-limites na lagoa, horizontes do futuro cortados por brilhos de motor, as naves partindo e chegando de outras galáxias, capitão Verne ao comando de um objeto voador não-identificado. Na sala com o velho piloto de sonhos, a dimensão extraordinária, o lobo do espaço e o jovem aprendiz na cabine do ovni, bolha intemporal. Fica dois dias na casa do escritor, falam sobre geografia e astronomia, contam-se suas vidas, jogam xadrez, se engasgam de rir com anedotas picantes sobre os aristocratas e trocam idéias sobre absurdos, o inspirador e o mecânico, amigos há mais de um século. Verne está com 74 anos, deixou de percorrer os oceanos com seu iate de três mastros e agora está escrevendo em terra firme umas ficções, submarinos atômicos, mísseis de longo alcance, raio da morte, televisão, holografia. Alberto está com 28 anos e pensa em construir mecanismos alados: "A coisa não me sai da cabeça, mestre, as tentativas com o mais pesado que o ar são historicamente anteriores às experiências com o mais leve, existe algum sentido nisso..." "Também na literatura, Ovídio, Francis Bacon, Leonardo da Vinci, sempre as máquinas antes dos balões, meu caro Santos..."

De volta a Monte Carlo, retoma o trabalho com nova disposição. Aída está à espera, permanece ao seu lado no aeródromo, onde os aparelhos são construídos a toque de caixa. Alberto completa os cálculos e dirige a operação como um campeão de tênis jogando contra três adversários ao mesmo tempo, respondendo a cada lance com um voleio firme e preciso, sorrindo da ansiedade de Aída, que não consegue imaginar a forma final dos balões na confusão do hangar, perdida entre montes de seda, motores desmontados, fios de cobre, jatos de acetileno. Alberto também tem pressa, não sabe a razão que o põe em ritmo acelerado, a vontade progressiva de

A MÁQUINA

terminar logo com aquilo, a sensação de que está fazendo esses aparelhos como uma obrigação do passado, como algo que se sente obrigado a concluir porque tem um compromisso assumido e não porque necessita pessoalmente, a sensação de que alguma coisa vai acontecer e por isso tem de estar livre de tais compromissos, desimpedido para o que vier depois.

– Sente-se aqui, Aída, vou desenhar as naves para você. Acho que não as teria projetado se não fosse por você, elas estão nascendo do nosso encontro, de tudo o que aconteceu entre nós... Sim, claro, do que está acontecendo... Prova de amor? Não sei, não diria assim, não quero provar nada a você, não é preciso. Nós sabemos, você sabe o quanto é importante para mim, sabe também que estou em mutação, uma larva rompendo o casulo, tentando ser a borboleta a que tem direito pela graça da natureza...

– ...E você me beija quando lhe digo isso! Não brinque. Aliás, brinque, mas não destrua a serpentina de refrigeração do "SD-7". Aqui está o "SD-7", minha aeronave de corrida. Só será utilizada em competições importantes, talvez a estréia seja na Exposição de Saint Louis, nos Estados Unidos, onde pretendo ganhar o prêmio de 200 mil dólares... Sim, 1 milhão de francos. O "SD-7" não tem competidores, são 50 metros de comprimento por 7 de diâmetro máximo, cubando 1.257 metros de gás, força ascensional de 1.380 quilos, o dobro do "SD-6". Superlongo, resistência mínima ao ar. Some-se a isso um motor de 60 cavalos, um lastro quase insignificante e a minha ciência de pilotagem aérea, e teremos mais de 60 quilômetros por hora contra o vento. A favor, é uma flecha. As questões referentes à velocidade estão resolvidas nessa nave.

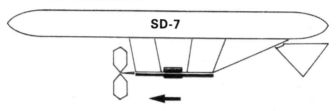

– E vamos a outra, o meu carrinho ambulante aéreo, o "SD-9", motorzinho de 3 cavalos, balão cubando apenas 220 metros... Não, não existe o aparelho número 8, eu não fiz um "SD-8"... Claro que posso lhe dizer, na verdade é muito simples. A vida inteligente foi criada através de símbolos, letras, palavras, números. Minhas naves são possíveis porque são submetidas aos números, a astronomia é uma projeção de números no céu, o ritmo de um poema ou de uma canção depende de uma numeração tônica... É isso, numerologia. O 8 é esplendor, espirro luminoso, as esferas de Mercúrio, é perfeito para muita gente. Mas não para mim, que tenho a pulsação em 7, na criação mesmo, no ato criador, e não na beleza que resulta disso, enfim... podemos conversar sobre o assunto mais tarde, mostro a você meu mapa astrológico. Mas aí está o "SD-9", para o meu deleite pessoal, o menor dos dirigíveis possível. Enquanto o "SD-7" ficar no hangar esperando desafios, estarei

A MÁQUINA

voando a 20 ou 30 quilômetros por hora sobre a cidade e o campo. Veja a sua forma perfeitamente oval, o leme aparentemente maior do que devia ser, o *cock-pit* com a silhueta de peixe. Com essa mininave posso descer em Montmartre para tomar um café, posso ir da minha casa para a oficina, posso ir ao teatro e estacioná-la entre os automóveis.

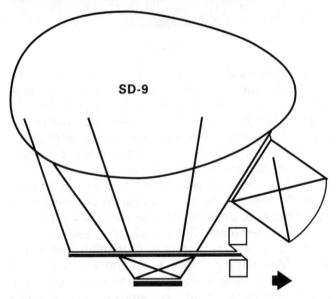

– E finalmente o "SD-10", o ônibus aéreo. Não tem grandes novidades técnicas, é uma conseqüência natural do progresso dos dirigíveis, uma sugestão para que sejam meios de transporte com grande capaci-

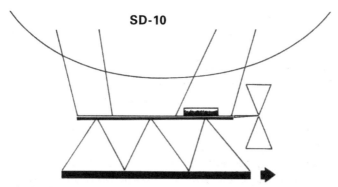

dade de carga, segurança e rapidez. São mais de 2 mil metros cúbicos de gás, quase 2 mil quilos de força ascensional. Por baixo do *cock-pit*, onde ficam o piloto e a maquinaria, está uma segunda quilha com 4 barcas destinadas a 20 passageiros. O objetivo dessa nave é o transporte de pessoas, mas a quilha inferior pode funcionar como compartimento de carga ou como plataforma de tiro, a depender das intenções dos homens... Não, Aída, isso não me importa, não posso trancar-me em uma torre e esquecer a navegação aérea porque os homens se comportam como feras enlouquecidas. Tenho de fazer, só isso. Este é um ônibus aéreo, uma coisa útil para todos. O que farão dele? Como será utilizado daqui a um ano ou daqui a mil anos? Não posso saber. O que sei está nestes projetos, o que sei e ofereço para o desenvolvimento humano, material e espiritual.

O trabalho intenso na fase de acabamento das naves não diminui o aperto no coração de Alberto.

A MÁQUINA

Sempre previra as tempestades com horas de antecedência, sentindo no sangue o alerta da brisa, as variações imperceptíveis para outras pessoas. Não é isso que está acontecendo agora, o estado de premonição não está enraizado no conhecimento dos poros, mas de algo além das fronteiras da carne. Mais dois dias e os aparelhos estarão prontos, o nó na garganta: destrava o "SD-6" e voa sobre o Mediterrâneo. Ainda subindo, antes de atingir 200 metros de altitude o balão se recusa a obedecer ao comando, de repente pesado, exigindo o máximo do motor. Insuficiência de gás – pela primeira vez na vida não fizera a checagem minuciosa antes de decolar. O gás acumula-se no ponto mais alto, a proa, e a nave sobe quase em perpendicular. Tenta corrigir a posição; antes que consiga, as cordas começam a romper, submetidas a forte pressão oblíqua. Enrolam-se na hélice. Desliga o motor e se deixa cair, abrindo e fechando as válvulas. O "SD-6" desce suavemente sobre o mar e afunda vagaroso, imponente, tossindo, tremendo, silvando, gritando, esguichando hidrogênio. Assiste à agonia a poucos metros de distância e tem vontade de chorar, só vontade, os olhos molhados apenas de água salgada, o nó na garganta dando mais uma volta sobre si mesmo e começando a se desfazer. Acabou. Sabe que acabou. Não apenas o "SD-6", mas tudo o que o cerca. Nada em direção à praia, Aída e alguns amigos vêm em socorro com uma lancha. "Acabou, Aída linda, irmã caraíba, os balões são femininos, ventrais, uterinos. Você já esteve no interior de um balão?"

– Alberto, *mon amour*...
– Estou bem. O que há com você, Aída?
– Chegaram notícias do Porto...
– Mamãe?
– Suicídio. Uma crise de neurastenia.

A festa das mil e uma noites na relva do pequeno aeroporto e no hangar-oficina, transformados em tenda árabe e oásis delirante graças a sedas, filós e muito gás neon. Alberto recebe duas centenas de convidados para a comemoração de seus 33 anos, um baile de carnaval no meio do ano, em suas novas instalações no Boulevard de la Seine. A sugestão de fantasias orientais anotada no convite é atendida por quase todos. Desfilam odaliscas, sheiques, vizires, califas, beduínos. Os velhos amigos, leais companheiros de aventura, Lambert, de la Vaulx, Machuron, Lachambre. Os padrinhos, como gosta de chamá-los, a princesa Isabel e o conde d'Eu. Os amigos brasileiros, Paulo de Fontin, embaixador Souza Dantas, Joaquim Nabuco, que veio de Londres, Olavo Bilac, que está em Paris versejando em francês e bebendo absinto. Os mais íntimos: Pedrinho Guimarães e Antonico Prado, com sua mulher Eglantina, vindos de São Paulo. Os mais íntimos em Paris: Maria Barrientos e seu *glamour*, Sem e seus cartuns, suas histórias engraçadas. A nova equipe de trabalho, Alain, Jean-Marc, Lafitte e a criatura mais empolgante que já encontrou na vida: o mecânico Anzani, 20 anos, cabelos louros, olhos azuis. Há quanto tempo não dá uma festa? Dois, três anos? Há quanto tempo sequer aparece em público? Depois de tudo o que aconteceu em Monte Carlo, enquanto estava em Monte Carlo, a vida avançou em dois ritmos diferentes. Primeiro, veloz e faminta, avassaladora: os funerais da mãe e as homenagens no Brasil, manifestações ruidosas no Rio, São Paulo, Belo Horizonte, as multidões na rua, Santos Dumont herói nacional. O encontro com Thomas Edison em Menlo Park, as conferências de imprensa em Nova York, a sabotagem que destruiu o "SD-7" na Exposição Universal de Saint Louis. A viagem triunfal pela América Latina, os falsos amores em Buenos Aires, a beleza dos efebos em toda a parte do mundo em que esteve. A doida escapada pelas Arábias, de Marrakech ao Cairo, uma trilha de camelos, tuaregues, balões e haxixe. Quanta loucura! Em Paris, em 14 de julho, evoluindo por cima da parada militar com o "SD-9", a bandeira do Brasil desfraldada, uma faixa verde e amarela tremulando o novo verso de Camões, "Por ares nunca dantes navegados", flutua a 5 metros do solo, em frente ao palanque do presidente Loubet, e dispara uma salva de 21 tiros de revólver, "Viva a França, viva o Brasil, viva a Paz!", 200 mil espectadores no último espetáculo de Onan, o acrobata voador, o malabarista do destino. A glória! Tentação dos pecados capitais. De repente sentiu-se ridículo ao espelho, arrancou a pele de vez, como se tirasse uma máscara de borracha; a imagem já era outra quando acariciou o bigode e falou alto "*Per ardua ad astra*", acordando Anzani, que dormia no sofá, no quarto de hotel. Anzani, claro. Entre o *scaramouche* rocambolesco e o gênio que se mira no espelho apareceu Anzani, o forte aperto de mão, o sorriso radioso, a escandalosa confiança na própria força, no próprio fascínio. E a vida avançou em outra cadência a partir de então, calma e alimentada, quase três anos de profunda reflexão, mil e uma equações, 1 milhão de números, mil e uma noites calculando a possibilidade de colocar em vôo um objeto mais pesado que o ar. Mil e uma noites ao lado de Anzani, inventando, fazendo, desfazendo, remontando motores, analisando, testando, comparando, conjugando e desenhando besouros, morcegos, mariposas, borboletas, insetos, formas estranhas no papel milimetrado, aves com tubos de metal entre o corpo e a ponta das asas, rodas em vez de garras, caudas de peixe. A generosa energia de Anzani iluminando a oficina, perfumando o campo de provas, atiçando a criatividade do inventor. Agora não falta muito para que todas as equações se entrecruzem e caminhem para uma solução comum, zerando no final como prova de absoluta correção. Achou que deveria oferecer uma festa, como antigamente; o mapa astrológico indica grandes eventos para os próximos meses, a cabala de 33 é forte e o desejo de festejar, de ver algumas pessoas, como estão, como vão conduzindo a questão da felicidade individual. Tudo isso, e também para divertir-se com Anzani, se fantasiarem de mercadores de Bagdá, comemorar essa amizade tão cativante e plena, criar histórias de *Sherezade* para as mil e uma noites de

A MÁQUINA

Anzani. Projetara e desistira do "SD-11", uma geringonça pesada demais. Projetara e deixara de lado o "SD-12", que vibrava como água na fervura. As soluções estão todas sobre a mesa, um objeto dotado de leme e tração é dirigível no solo, na água e no ar. O único mistério é a força ascensional, o momento em que o objeto deve se descolar do chão e ganhar altura. No espaço os problemas são menores, a tração anulará a gravidade, que diminuirá na razão direta da distância entre o objeto e a superfície. Mas como levantar por si só, sem o auxílio de um balão, uma pesada estrutura de metal e madeira? Propulsão e aerodinâmica. Propulsão não apenas no que se refere à força, mas também ao equilíbrio, à coordenação dos empuxos.

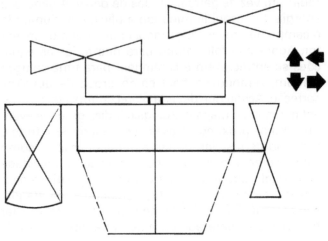

SANTOS DUMONT

Foi nesse sentido que projetou, e também abandonou, o "SD-13", um helicóptero. Força de tração múltipla, duplo empuxo vertical. Demonstrou considerável desempenho no ar, enquanto esteve pendurado num balão, como os outros projetos dessa fase. Mas não se elevou sozinho; as hélices em rotação máxima, e a estrutura com o peso dos 4 motores ameaçando voar, só ameaçando, dando pequenos saltos e batendo no solo, incapaz de vencer a imantação da Terra. Os testes evidenciaram as probabilidades do helicóptero e também o longo caminho que deverá ser percorrido para que uma máquina desse tipo alcance sucesso, experiências com ligas metálicas, com alta rotação dos motores, com o alongamento das hélices, com o desdobramento do leme. Juntar o mais pesado ao mais leve que o ar foi mais proveitoso do que esperava, mas é apenas um critério de raciocínio, uma formulação inicial, muletas, andaimes que devem ser retirados para que o edifício possa existir em si mesmo. Cortar o cordão umbilical. Voltou-se para a análise dos pássaros e dos planadores. No movimento ascendente os pássaros usam as asas como hélices, no descendente abrem as penas e deixam passar o ar, fecham-nas para diminuir a velocidade, com 70 batidas por segundo das asas ficam parados no espaço. Os planadores são como pássaros paralíticos, entravados: soltam-se do balão, descem se apoiando no vento e aterrissam se arrastando com violência no chão. Como as pipas empinadas pelos garotos quando o barbante se parte

A MÁQUINA

dançam desgovernadas no céu até voltarem ao solo, inapelavelmente. Os planadores são a nova coqueluche dos aeronautas franceses, alemães e americanos, principalmente depois que ele e Anzani realizaram alguns vôos e as fotos foram publicadas no *Herald* de Nova York e em outros jornais. Fez várias experiências, deixando-se cair de 400 metros de altura, em caixinhas de bambu com grandes asas de pano esticado. Há pelo menos cinco séculos os homens vêm se lançando de montanhas e torres de igrejas nas mais diversas formas de planadores, triangulares, hexagonais, circulares. E morrendo ou quebrando as pernas ao tentarem controlar esses objetos mais pesados que o ar, mesmo que apenas ligeiramente mais pesados. Tentaram, balançando as asas com força muscular, remando, pedalando, mais recentemente com motores, tentaram inutilmente. Quem mais se aproximou de um vôo controlado foi Blanchard, no século XVIII: com seu pára-quedas conseguiu adiar o pouso em um minuto, manipulando as cordas que o prendiam a uma redoma de couro com 7 metros de diâmetro. Mas era um pára-quedas, o aprisionamento do ar, a formação de uma bolha de ar no espaço, um outro tipo de sustentação ortóptera, quase um balão. Foi quando as experiências de vôo trocaram o mais pesado pelo mais leve. Pouco antes de Blanchard abrir sua redoma, nos 1700, o padre brasileiro Bartolomeu de Gusmão mostrou a Passarola, em Lisboa, o primeiro aeróstato, e dois séculos depois outro brasileiro transformou os balões de São João que soltava em Arindeúva em

SANTOS DUMONT

navios do espaço. A milésima primeira noite rodopia em seu redor. "Você está lindo, Santos!" "Há quanto tempo não nos vemos, você sumiu!" "Sublimei, queridinha!" "Tem notícias de Aída de Acosta, ainda está em Nova York?" "Como posso saber?" "Ela está liderando uma campanha pela participação das mulheres nas Olimpíadas!" "Concorres ou não à Copa Archdeacon, Santos?" "Que é isso, Anzani?" "Uma flor!" Muita coisa aconteceu nesses quatro anos. O Rio de Janeiro sofreu profundas mudanças com as obras do prefeito Pereira Passos e com o trabalho sanitário de Oswaldo Cruz, o presidente Rodrigues Alves constrói portos e estradas de ferro, o barão do Rio Branco delimita fronteiras e compõe uma imagem internacional para o país. A família não é mais a mesma desde a morte de dona Francisca; comunica-se raramente com o irmão Luís e com as irmãs Rosalina, Gabriela, Sofia e Chiquinha, todas casadas e espalhadas pelo Brasil e Portugal. A família praticamente reduzida ao irmão mais velho, Henrique, que assumiu os negócios e as responsabilidades do patriarca, e a Virgínia, que assumiu o papel da mãe. Virgínia é uma relação muito especial, ela e seu marido Guilherme Vilares e os sobrinhos; no Brasil só se sente em casa na casa deles, em São Paulo. O suicídio da mãe foi um choque brutal, mas consolou-se pensando que ela optara pelo que era melhor para si, para livrar-se de suas angústias e seus fantasmas. Muita coisa aconteceu. O êxito de seu livro *Dans l'Air*, traduzido para o inglês, o alemão, o português. As honrarias, a comenda da Legião de

A MÁQUINA

Honra da França. Os boatos sobre o casamento secreto com Maria Barrientos, imaginem! Com Maria, a melhor amiga; jamais lhe passara pela cabeça dividir leito com ela até o dia em que os jornais publicaram a mentira; neste dia tentou pensar como seria, mas não conseguiu. Jules Verne não existe mais. Lantelme também não existe mais, a pequena Lantelme afogada no Reno, assassinada pelo marido milionário. Leão XIII morreu e Pio X é o novo papa. Há uma revolução científica em andamento, subversiva, poucos estão dando a devida importância ao professor Einstein e a sua teoria da relatividade, a energia é igual à massa multiplicada pelo quadrado da velocidade da luz. Que forças formidáveis estão à espera de serem liberadas pelo homem! Esteve quase todo o tempo quieto em sua oficina, trabalhando com Anzani e os rapazes, concentrado na pulsação de suas próprias energias, mas não evitou que o mundo penetrasse ruidoso pelas portas e janelas. A guerra entre Japão e Rússia, a grande batalha naval nos mares do Oriente, o maior combate da História. A formação de blocos aliados, França, Inglaterra e Rússia de um lado, Alemanha, Áustria e Itália do outro ("Queremos os seus dirigíveis, queremos armas aéreas, balões bombardeiros, diga qual é o preço"). E a questão do Marrocos, a questão do Congo, a África em pedaços, e as fronteiras, os limites marítimos, os espaços nacionais, os atentados políticos enquanto Anzani sorri, massageia-lhe as costas: "Calma, Alberto, você vai conseguir, você não é o pai da humanidade".

Uma festa para comemorar a sorte, a felicidade de encontrar uma pessoa assim, tão sinceramente desprovida de mesquinharias e preconceitos, forte e leve, rijo e doce, firme e delicado, verde e maduro. Os sonhos existem, estão por aí, em qualquer lugar, como matéria inerte enquanto não damos vida real a eles. Não inventamos nada, apenas injetamos a nossa seiva divina na abstração dos desejos e eles surgem palpáveis à nossa frente. Dei vida aos balões, não inventei a dirigibilidade no espaço. Como agora tenho de dar vida aos planadores, fazê-los existir por si mesmos e não como um beneplácito dos ventos, fazê-los divergir das correntes, contrapor-se às leis naturais. Um sopro de vida no ferro e no bambu! Aerodinâmica: captar o traço invisível, a curvatura que se oculta no ângulo reto, a proporção que os olhos não percebem, o magnetismo das arestas.

Durante seis meses trabalhou com a forma celular das pipas, buscando uma estrutura que pudesse suportar a substituição do barbante por uma tração contrária, empurrando para cima, por uma hélice ou um jato ou qualquer propulsão pelo menos duas vezes superior à força da gravidade que incide sobre o corpo, que pudesse suportar a grande tensão desse momento, o despregar-se. Uma semana no Canal da Mancha com Anzani: juntou o esqui aquático ao planador, deslizando sobre as ondas puxado por uma lancha, com uma pipa presa às costas, ganhando altura e voando a grande velocidade, mas humilhado pelo longo cordão umbilical. Uma forma celular e

A MÁQUINA

alada, pipa e pássaro! Como se comportam as asas no instante em que as garras deixam o chão? Como hélices, sabemos, mas também como velas de navio, parando as batidas e dispondo-se de modo a fazer o vento rodopiar sobre o corpo, como os navios que ajeitam as velas até uma posição em que é possível navegar contra o barra-vento com a força do próprio barra-vento. A asa de um pássaro é ao mesmo tempo hélice e vela, e isso é impossível em um planador. Quem deseja materializar um sonho não pode seguir os exemplos da natureza ao pé da letra, a natureza é apenas uma pista, às vezes falsa. Uma asa dupla, por exemplo, planos paralelos localizados na parte de trás do corpo, um aparelho de tal forma balanceado que possa movimentar-se sobre rodas e impulsionar-se para cima, em diagonal, como as aves mais pesadas, os gansos, as codornas, as perdizes. Seis meses sonhando com bichos alados estapafúrdios e desenhando máquinas do futuro, os fluidos misteriosos nas noites da oficina sem disposição para ir repousar em casa. Anzani contando o mesmo sonho na manhã seguinte, exatamente o mesmo sob outro ponto de vista: "Incrível, Alberto! Você cavalga uma fênix de pescoço comprido, muito esguia, parecia mais um peixe com asas". Enfim um traço revelador, a excitação ao montar a maquete de cartolina, o aparelho surgindo no centro do hangar, o "SD-14".

Mas, infelizmente, ainda atrelado a um balão. Um biplano, três rodas pneumáticas. Os colegas aeronautas estão dedicando seus esforços ao lançamento

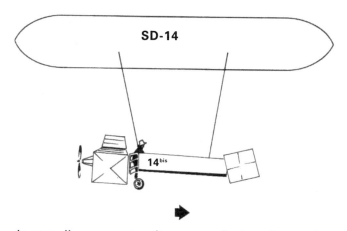

de aparelhos em catapultas, como flechas disparadas de um arco, e os resultados são lamentáveis, os acidentes com máquinas pseudovoadoras são terríveis, as chances de sobrevivência, muito menores do que com os balões. Catapultas! Onde encontrar uma catapulta no deserto, para retornar ao espaço e à casa quando acontecer uma aterrissagem forçada? Como parir catapulta no mar? Os aparelhos têm de sair do chão pela ação de uma força interna, sua, própria, independente, controlável – "Antes do fim do ano levantarei vôo com uma máquina, sem auxílio de balões, catapultas, lanchas ou qualquer outra tração externa, e navegarei no espaço!" "Impossível, Santos, você nem ninguém pode subverter as leis da natureza, não pode virar pelo avesso a atração do centro da Terra, a força centrífuga, a força gravitacional!" "Ah, os impos-

A MÁQUINA

síveis! Era impossível produzir o fogo, era impossível a Terra ser redonda, era impossível calcular a velocidade da luz e controlar um balão! Era e não é mais! E agora? É impossível alcançar a Lua, atravessar os sólidos, materializar o infravermelho? É tudo tão relativo, meu amigo, e tão desconhecido, e tão mágico, que me parece vaidade e soberba alimentar as impossibilidades! O que me diz deste caviar? Excelente! Certo, são cerca de 250 gramas de excelente caviar; se toda a energia aí contida for liberada, a força resultante será igual à explosão de 7 toneladas de TNT." O som das cítaras e das flautas se desmancha nas cores do oásis no Boulevard de la Seine e renasce fulgurante no sorriso de Anzani, mercador de Bagdá, a pura alegria de viver, o milagre de reencontrar Miguel, o menino de Campinas, brincando entre cimitarras, djalabas, incensos, alcatifas, dança dos sete véus, Omar Khayam, Harum al Rachid, Nefertite, Cleópatra, escravas nuas, eunucos, tapetes voadores, esfinges, encantadores de serpentes.

Alberto anda devagar em torno do aparelho, no pequeno aeroporto da oficina. Anzani, Alain, Lafitte, Jean-Marc e os outros, sentados sobre tonéis de gasolina: macacões sujos de graxa, bocas fechadas, olhos fixos no chefe baixinho e concentrado; não é maior que uma criança. Lachambre também, com suas barbas brancas, chegou há pouco e juntou-se aos mecânicos sem dizer uma palavra, acostumado a esses transes de Santos, os repentinos silêncios que podem durar uma hora, um dia ou mais, e que devem ser respeitados. Ai de quem interromper essas longas meditações. Será alvo de uma explosão irada, difícil de imaginar em cavalheiro tão fino, um estouro de curta duração mas de grande intensidade; o intruso será responsabilizado pela lentidão do trabalho, pelo atraso do projeto, pelo material que não chegou, pela arruela que sumiu, pelos erros do mundo, pela estupidez humana. Aconteceu algumas vezes; agora todos sabem que é muito perigoso interferir em tais momentos. Não só por isso: principalmente porque desses transes surgem idéias que jamais passaram por qualquer cabeça, idéias comuns, que ocorrem a todos e são desprezadas por serem banais, e que ressurgem desses silêncios com uma luz inédita que apenas Santos sabe descobrir e expressar. Aconteceu depois do "Brasil", quando ordenou a desmontagem do seu segundo esférico, antes mesmo de testá-lo, o "América". Aconteceu durante a construção do "SD-5". Lachambre é testemunha, sabe que o amigo está olhando em sua direção mas não o vê; está mergulhado em um tanque de petróleo, ou pairando acima das nuvens, ou vivendo uma viagem fantástica dentro de um motor.

Depois da cintilante comemoração de aniversário, chovem convites, telegramas, flores, cartões de visita. O *soçaite* parisiense interpretou a festa como um retorno do famoso aeronauta às badalações noturnas e se esforça para tê-lo em seus salões. E também as universidades e aeroclubes de toda a Europa, insistindo em conferências e aulas-magnas. Estão enganados.

A MÁQUINA

A estrela não está disponível. Lachambre tem uma teoria para explicar os sucessos de Santos, de vez em quando fala sobre isso: os achados, as soluções, os inventos resultam do seu posicionamento frente à aerostação, da sua condição de esportista tantas vezes declarada, e não de um técnico; nessa condição está inteiramente à vontade para derrubar os axiomas científicos, os processos acadêmicos, a necessidade de comprovar cada etapa das pesquisas, e assim abre as comportas do improviso, do saque, do inesperado, da criação. Ele está se aproximando de algo nestes dias quentes e secos de agosto. Pela manhã, reuniu a equipe e desacoplou o aeroplano do aeróstato; em seguida, levantou a ponta das asas, que agora formam um ângulo de 130 graus entre si, o vértice incidindo na popa da armação central, exatamente na *nacele*, onde ficam o piloto e o motor. O "SD-14" ganhou uma nova silhueta e, livre do balão, é agora o "14-Bis", no centro do pequeno aeroporto.

Alberto ainda examina o aeroplano: 10 metros de comprimento por 12 de envergadura, as células de Hargrave montadas sobre a armação de bambu. Cada asa é composta de três células, e, na proa, o leme é uma sétima célula que pode mover-se para todos os sentidos; a hélice propulsora, na popa, com mil rotações por minuto, 160 quilos sobre pneumáticos. Essa coisa pode voar, é evidente! Basta um pouco menos de peso e um pouco mais de força. Puxa!, se puder voar no dia 7 de setembro, comemorar a independência brasileira nos céus de Paris... "Vamos trabalhar,

SANTOS DUMONT

pessoal! Lachambre, meu velho, você não vai acreditar! Se a gente misturar adequadamente gasolina e ar, bombeando através de um diafragma, a combustão nos cilindros será mais rápida! Percebe?" "Sei, mas o problema da refrigeração pode ser contornado com uma válvula termostática no cabeçote, e mudamos o esquema de circulação! Que lhe parece?" Lachambre acha que "pode ser, talvez, com filtros de ar e combustível". Os mecânicos retiram o motor tipo antoinette do aeroplano, Lachambre sai em busca de um torno, Alberto fecha-se com Anzani na oficina e cria um novo tipo de motor. Um motor em V, com 8 cilindros dispostos aos pares, 50 cavalos, dotado de distribuição por platinados, alternador elétrico. Quando tudo é encaixado no cárter e conectado a uma hélice, produz 1.500 rotações por minuto e pesa 10 quilos a menos do que qualquer motor com a metade de sua potência. Eufórico, dando saltos e socos no ar, dançando gaiatamente com sua equipe, Alberto batiza a nova fórmula: "É um motor anzani, um motor em V tipo anzani, e durante muito tempo será o mais avançado dos motores de explosão". E Anzani fica mudo de espanto, de agradecimento, de ternura: um motor com o seu nome, criado por Santos Dumont, pelo mestre de todos os mecânicos, pelo homem que é a própria eletricidade. O que fez para merecer tanto? Anzani sente o calor das lágrimas na face, a agitação do sangue em todo o corpo, os músculos tensos, os soluços, a perturbação. Todos riem, Alberto se aproxima dele sorrindo, brincalhão, as asas abertas para o

A MÁQUINA

abraço de amigo, de amor. Olhos de alegria nos olhos em pranto, pólos que se atraem, campos magnéticos.

* * *

O campo de provas de Bagatelle parece uma quermesse. Damas elegantes, moças e rapazes às gargalhadas, a comunidade dos aeronautas, autoridades, carrocinhas de refresco, vendedores de bugigangas, apostadores, adolescentes correndo em suas bicicletas, crianças aproveitando o relvado para as reinações. O "14-Bis" é conduzido por Lafitte e Jean-Marc para a cabeceira da pista, Anzani finca um mastro a 200 metros de onde o aeroplano começará a arrancada, a bandeira verde e amarela indica o ponto de onde deve decolar. Alberto apresenta-se à comissão do aeroclube para concorrer à Copa Archdeacon. O prêmio instituído por Ernest Archdeacon é de 3 mil francos para o aparelho que voar por si só um percurso de 25 metros, com um ângulo de queda máxima de 25 graus. Poucos tentaram: Blériot, com um aparelho enorme; Lambert, com uma variação de helicóptero; o próprio Archdeacon, com uma espécie de disco provido de dois pares de asas motorizadas. Ninguém deixou o solo. Alberto gostaria de ter-se apresentado no 7 de setembro, mas não foi possível; teve de modificar a hélice e reduzir o ângulo formado pelas asas, e fez os testes longe de Paris para evitar a curiosidade pública e a indiscrição dos repórteres, que o perseguem com avidez; o boato de que "Santos tem uma máquina" aguça a excitação da nova corrida aérea que acontece em Paris. Saía de madrugada com a equipe, o "14-Bis" desmontado sob a lona de um caminhão, e ficava no campo até escurecer, experimentando e corrigindo o aparelho. Teve de esperar até este 23 de outubro, com ventos de outono e folhas amarelas, para sentir-se preparado. Ventos de outono! A prova estava marcada para as 10 horas; correu pela pista mas calculou mal uma rajada que soprou pelo flanco direito, não tentou a decolagem, teve de usar os freios, o aparelho rodopiou e soltou-se uma chapa da caixa de câmbio. O reparo não levaria mais de uma hora, mas concordou com o Aeroclube em transferir a prova para o meio da tarde, rebocando o aeroplano de volta para o Boulevard de la Seine, sob aplausos e algumas vaias. "É natural", pensou, "estão cansados de vir a Bagatelle para ver máquinas voadoras que não saem do chão". Agora são 16 horas, e as pessoas no campo diminuem o burburinho, começam a ficar silenciosas, curiosas. Afinal, é Santos Dumont, o inesquecível jóquei do ar, o causador de tantas e tão fortes emoções coletivas.

Alberto acomoda-se na *nacele*, gesticula para que as crianças se afastem, espera o sinal dos cronometristas do Aeroclube para dar a partida. Os de sempre estão a pouca distância. Sem, a princesa, a boa Maria, Lambert, com as pernas engessadas, o cineasta Méliès. Souza Dantas, Antonico Prado, Pedrinho Guimarães – os brasileiros, é claro, não sairão de

A MÁQUINA

Paris enquanto isso não for resolvido. O Gordon Bennett, com sua câmara fotográfica – esse quer escrever a biografia do rei dos ares, *The Father of Fly*. Anzani aparece, suado e vermelho, ao lado de Lachambre – "Tem de ser agora, tem de ser agora" –, Alberto sorri, balança afirmativamente a cabeça, fecha a mão sobre o peito e a abre em direção ao jovem mais que amigo. Anzani volta correndo para perto do mastro com a bandeira verde e amarela, Alberto ergue a mão espalmada para o público, baixa-a até a chave de ignição, gira a hélice; a estrutura multicelular começa a tremer, engata a marcha de força. O cronometrista dá o sinal. Acelera devagar e solta a embreagem, o chão corre abaixo de seus pés, engata a marcha de velocidade, pressiona o acelerador, o velocímetro chega aos 30 quilômetros, o aparelho vibra forte, "meu São Benedito, mãe Iansã, pai Ogum, entidades da força e do ferro, habitantes dos gases em explosão", 160, 180, 200 metros de pista, puxa o *manche* em direção ao corpo, o leme volta-se para cima e as rodas elevam-se do solo, *deus ex machina*.

O avião encontra seu elemento natural e pára de vibrar, apascenta os nervos de aço, respira o sopro de vida que o transforma em realidade, o focinho voltado para o zênite, farejando as novas trilhas, a Lua dos namorados, os mares vermelhos de Marte, o alvor das savanas de Sirius, o céu verde de Antares, a Via Láctea, os animais de Andrômeda. Como será esse futuro? Antes do fim do século o homem navegará na atmosfera, enviará mensagens às galáxias

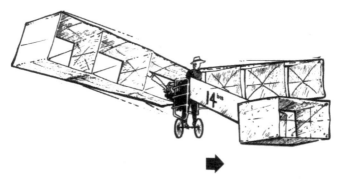

longínquas, buscará no infinito inteligências ultrapoderosas, sensações extra-humanas, um conhecimento além, um saber que abrirá as portas das dimensões secretas; nada é impossível. Controla o *manche* com o cuidado de quem trata um recém-nascido, a pressão exata sobre a alavanca, firme e suave, um pouco mais e o aparelho entrará em pânico, um pouco menos e se libertará de seu jugo, como um passarinho entre os dedos. A longa proa nasce do ventre do piloto e estende-se por uma dezena de metros, até a cabeça quadrada retesada de vento, o leme tenso, as talas de bambu como veias grossas crescendo sob a pele. Pode sentir a força da gravidade como uma pulsação, a espantada reação do planeta que de repente se sente engabelado, que não consegue fazer valer o seu visgo, não consegue reter junto à superfície os 200 quilos do avião e seu piloto. Eu o surpreendi, velho mundo! Agora é manter o aparelho na horizontal, fixar a altitude. Empurra suavemente o *manche*

A MÁQUINA

para a frente, a correção desestabiliza as asas por uma fração de segundo, a mão vai além do planejado, em movimento brusco, perde altura, não há tempo para desfazer a inclinação, desliga o motor e toca o solo como um bicho desajeitado, ouve o estalido, partiu o trem de aterrissagem, desliza na relva meio de lado, tudo vibrando de novo.

Salta da *nacele* sorrindo, engasgado. De todos os cantos do campo correm pessoas, muitas bicicletas, a comissão do Aeroclube começando a esticar a corda para medir a distância percorrida. Anzani é um dos primeiros a chegar, gritando e pulando, desabrido, beija Alberto, o levanta em um abraço – "A coisa mais linda que vi na minha vida! Nada mais será como antes, você sabe, você sabe" –, ajoelha-se a seus pés, beija as suas mãos, fotos, Méliès filmando, o povo apertando o círculo, abraços, um militar entrega um envelope e diz algo em seu ouvido, Maria também está dizendo alguma coisa, Alberto não entende, tanta gente falando ao mesmo tempo, nem ouve o anúncio da comissão do Aeroclube, alguém com um megafone: "O 14-Bis voou 60 metros, mantendo a altitude média de 3 metros, no campo de Bagatelle, às 16 horas do dia 23 de outubro de 1906, levantando a Taça Archdeacon para o primeiro vôo mecânico da História..."

Quando tudo termina, quando consegue ficar sozinho com a equipe no hangar, Alberto sente-se fatigado. Há quanto tempo vem perseguindo esse sonho? Há 16 anos, desde quando viu um aeróstato pela primeira vez, em São Paulo? Há 11 anos, desde quando subiu pela primeira vez em um balão, ao lado de Machuron? Ou há 33 anos, a vida inteira sabendo que isso tinha de acontecer, que nascera para ofertar a si mesmo e aos homens uma nova chance de defrontarem-se com Deus, para abrir os caminhos que levam às estrelas? Sim, a vida toda, 12 mil dias de perseverança e trabalho, 12 mil noites de obsessão e penitência, a mente acesa sem interrupção, moto-contínuo. Agora, depois que sentiu o prazer desmesurado de conquistar o espaço, de conquistá-lo definitivamente, depois de conhecer o orgasmo cósmico na *nacele* do "14-Bis", o gozo de que nenhuma palavra jamais dará sequer uma pálida idéia, sente os nervos relaxados, os músculos doloridos, o cérebro preguiçoso. Precisa viajar, voltar ao Brasil, talvez, ou conhecer a China.

No dia seguinte, a sensação de fadiga não desapareceu, mas é menos intensa; não o impede de voltar à oficina para uma análise do desempenho do aparelho em Bagatelle. Explica a Anzani e aos outros que poderia ter percorrido o dobro da distância, teve de aterrissar às pressas porque se descuidou, um erro humano, nada a ver com a mecânica do seu biplano. Mesmo assim, o "14-Bis" pode ser melhorado com o acréscimo de lemes nas asas, pequenas abas na parte anterior de cada asa para os movimentos de decolagem e aterrissagem. Peças que complementam e até podem substituir o leme celular da proa, percebeu isso durante a prova.

Pequenas células adicionais são instaladas, e o "14-Bis" volta a Bagatelle no dia 12 de novembro, para

A MÁQUINA

concorrer ao prêmio de 1.500 francos, instituído pelo Aeroclube da França para um vôo de 100 metros. Não interessa a Alberto o prêmio em si, interessa-lhe a oportunidade de demonstrar a real capacidade do seu avião, que os franceses chamam *Canard*, e os ingleses, *Bird of Prey*, devido a sua forma, como um grande pescoço esticado saindo das asas. Dessa vez tem concorrentes, Gabriel Voisin e Blériot associaram-se na construção de um aeroplano de dois motores, mas nada conseguem, o aparelho se desmancha antes de subir. Alberto movimenta o "14-Bis" aperfeiçoado, corre pela pista, voa 50 metros, pousa, manobra o aparelho no chão e volta a decolar contra o vento, percorre 60 metros e pousa, nova manobra no solo, decola outra vez e voa 220 metros, a 6 metros do solo, fazendo uma curva graciosa no espaço. "Espantoso! Como conseguiu? O avanço é enorme desde a última prova!" "Muito simples, senhores, os flapes, os lemes em cada asa."

* * *

Não vai ao Brasil nem à China. Instala-se em Nice, com Anzani, durante três anos, de onde sai apenas para algumas visitas a Londres, para a inauguração de um monumento em sua homenagem em Bagatelle, para assistir à conferência de paz em Haia, onde se entusiasma com a performance de Rui Barbosa, defendendo a igualdade de direitos entre os povos. Herói da humanidade, vive feliz em Nice, desfrutando a companhia e a cumplicidade de Anzani, descobrindo novas nuances em uma relação a cada dia mais tranqüila e compensadora, sem qualquer rigor, sem irritações, plena de sensualidade. Recebe os amigos, os jornalistas, os pilotos e construtores de aviões, não se aborrece com o assédio das mulheres que aparecem com declarações de amor e propostas de casamento. Nem isso o aborrece; diverte-se. Escreve artigos para jornais, faz anotações para um novo livro, *O que eu vi, o que nós veremos*. Vive ao sol, dedica-se à pesca submarina e a conversar com os velhos marinheiros, ouvir histórias de piratas e baleias, e contar as suas, lendas de um país distante da América do Sul, as iaras que moram nas águas de um rio-mar, o saci-pererê, as florestas encantadas. Raramente se pronuncia sobre a disputa capitalista que envolve a aviação, sobre os projetos das naves de combate. Na Europa e nos Estados Unidos cresce a febre dos grandes aparelhos. O "14-Bis" é o modelo para os aviões. Centenas de mecânicos, pilotos, empresários e aventureiros fazem biplanos celulares munidos de motores com 100, 200 cavalos de força. Mas não avançam muito com relação à estabilidade, à velocidade, à neutralização da resistência atmosférica.

Na praia, de papo pro ar, Alberto diz a Anzani que o "14-Bis" resolveu as questões básicas do vôo com o mais pesado que o ar, mas agora a sua sombra transforma-se em um empecilho para o progresso da aviação, eleito como a forma ideal. E não é: "O '14-Bis' é uma meia solução, Zani, e as pessoas não

A MÁQUINA

tomam consciência disso, acham que é só aumentar as dimensões do nosso aparelho, aumentar a tração". Mas não se sente motivado a voltar à oficina e explicitar o equívoco que em todo o mundo, cada vez mais, consome milhares de dólares e horas de trabalho em projetos fracassados. Até um dia em que os jornais anunciam a presença em Paris do aeronauta americano Wilbur Wright, que afirma haver realizado um vôo com o mais pesado que o ar em 1903, em Kitty Hawk, Ohio. "Bem antes do vosso Santos Dumont", afirma Wright ao repórter.

Os irmãos Wright, Wilbur e Orville. Sabe deles, é claro, de suas experiências com planadores, escreveram para pedir detalhes sobre a estrutura do "14-Bis". Mas nunca voaram com um avião, nunca voaram publicamente, pelo menos, nenhum jornal noticiou, nem mesmo a pequena gazeta de Dayton, a cidade próxima de Kitty Hawk. Um vôo mecânico em 1903, histórico, pioneiro e sem testemunhas ou registros? E por que a imprensa dá crédito a esse impostor? O grande feito dos Wright foi matar o passageiro de uma de suas geringonças há poucos meses, o tenente Selfridge, acidente grave que jogou Orville em um hospital, todo engessado. Ainda está na cama, por isso não veio à Europa com o irmão. O que está por trás de tudo isso?

Parte com Anzani rumo a Paris, calado, pensativo, mal-humorado. É o inverno de 1908, e Alberto sente um espinho no coração. Nunca pensou que alguém pudesse contestar a sua glória, tão nítida e compro-

SANTOS DUMONT

vada, a glória do Brasil. Alguns telefonemas, conversas com Sem e com Gordon Bennett esclarecem a situação. Bennett, americano, dono do *Herald*, de Nova York, escreve um artigo desmentindo Wright. Mas a onda continua. Os Wright são a ponta-de-lança de uma campanha do governo e de grupos econômicos norte-americanos que pretendem monopolizar as patentes aeronáuticas. A visita de Wilbur à Europa é uma jogada publicitária comandada pelo embaixador Henri White e paga pela Weiller, um consórcio euro-americano que investe em aeronáutica e indústria bélica. Uma conseqüência da briga de foice pelas patentes que Santos Dumont se recusou a registrar em seu nome. Que mixórdia! O mais triste é que alguns pilotos franceses estão fascinados pelas verbas da Weiller e não se pejam em declarar que Wilbur apresenta soluções inéditas, que realmente deve ter voado antes do "14-Bis", e outras tolices. Justamente eles, os que viviam entrando e saindo da oficina no Boulevard de la Seine, invejosos, vencidos, corruptos, falsos, homens vergonhosos. Anzani tenta acalmar Alberto: "A verdade está do seu lado, vamos esperar a demonstração do ianque, é um blefe". "Sim, o melhor é esperar, ele que mostre as cartas, pago para ver."

A primeira tentativa de Wilbur Wright, no hipódromo de Hunaudières, acaba em estrondo, numa nuvem de poeira. O grande aparelho de madeira é lançado de uma catapulta e cai fragorosamente a poucos metros da rampa. Em seu carro, com Anzani, Lachambre e

A MÁQUINA

Maria Barrientos, Alberto solta uma sonora gargalhada e vai embora. Antes da demonstração tivera uma conversa com o americano: "Uma catapulta? O senhor ainda usa essa coisa? Mas, se existem as rodas!..." E ele dissera que as rodas não tinham futuro na aviação, que fizera todos os testes possíveis, que já voara mais de 1 quilômetro com seu biplano desconjuntado e barulhento. Sem rodas e sem sopro vital dos deuses do espaço e das explosões!

Mas Wilbur é teimoso e anuncia outra demonstração para o último dia do ano, no campo de provas de Auvours, e quando tira a lona que cobre o aparelho, Alberto solta outra gargalhada: não existe mais catapulta, o novo biplano tem as asas mais à popa e cinco pneumáticos, parece uma caricatura do "14-Bis". Após várias corridas pelo campo, consegue alçar vôo e percorre quase 300 metros a baixa altitude, roncando e balançando; ao aterrissar, as hastes das rodas se partem, arrasta a barriga no chão até parar, soluçando. Alberto faz questão de cumprimentar Wilbur Wright e irritá-lo: "Enfim, seu primeiro vôo, hein?" Mas a publicidade é enorme, o americano detém novo recorde de percurso aéreo.

O que exige uma resposta, uma satisfação ao porvir, aos que se orientam pela verdade, aos que sonham mais alto e acreditam que o avião é uma ponte para os mistérios do universo e para o esplendor de uma consciência estelar, infinita. Depois de três anos volta à prancheta de desenho, aos motores, às maquetes, às discussões com a equipe, novamente convocada.

Mas desta vez não há indecisões, noites em claro, transes. E também não há pressa, as veredas do céu são nítidas e eternas, nenhum enigma.

* * *

Com a sensibilidade de um ourives das Minas Gerais, Alberto constrói o primeiro monoplano. Nada mais de estruturas celulares, nem grandes proas, nem grande força de tração, nada que não seja a pura fluidez da aerodinâmica. Pouco a pouco, o "Demoiselle" vai se articulando no hangar, com a sua asa única sobre o corpo delgado, em forma de cruz, oito vezes menor que o "14-Bis", cuja silhueta fálica cede lugar à graça feminina e vaporosa. Inverte a tendência generalizada, os projetos em andamento nos Estados Unidos e na Europa: o "Demoiselle" é leve, elegante, aparentemente frágil, com o frescor e a vivacidade de uma adolescente que ainda não deixou de ser menina, mas já é mulher. Um noivo na terra, uma noiva no céu. Autonomia de 20 quilômetros, 110 quilos, 8 metros de comprimento por 5,5 de envergadura. Um novo motor radiante do tipo anzani, com 35 cavalos e 2 cilindros opostos. O leme inédito na popa, composto por duas aletas sobre as quais se encaixa em perpendicular uma terceira peça como uma barbatana de tubarão, dois flapes em cada lado da asa, a *nacele* moldada na exata medida do corpo pequeno do piloto. Provas, competições, prêmios, desafios? Nada disso. Não tem de acompanhar os parcos progressos

A MÁQUINA

promovidos pelos aeroclubes e financiados por empresas e governos, não tem de correr atrás do que está às suas costas. Pretende apenas voar, sua presença no espaço será o bastante para que todos compreendam, para que todos percebam que construir um avião é como escrever um poema, e que as sendas que está abrindo nas vastas planícies de éter estarão para sempre marcadas pelo seu rastro, um roteiro de aventura e prazer. Nunca foi tão feliz, nunca conheceu tanta alegria, nunca sorveu com tanta satisfação as dádivas da vida, o amor de Anzani, o calor dos meteoros.

* * *

Os primeiros raios de sol encontram Alberto acordado, fazendo cálculos com os números do dia, 13 de setembro de 1909. Consulta o horóscopo, joga I Ching, faz a ginástica habitual, os exercícios de respiração, toma o desjejum de frutas e cereais, o bom café brasileiro que financiou tudo. E parte em seu *buggy* elétrico para Saint-Cyr, onde o "Demoiselle" já o espera, na cabeça da pista, atado ao solo para não ser arrastado pelo vento que sopra forte na manhã luminosa, anunciando o fim do inverno. O aviãozinho corre poucos metros no chão de terra, os flapes voltam-se para baixo, o aparelho sobe fazendo ângulo de 35 graus com o terreno, ganha altura e velocidade ao mesmo tempo, as pessoas boquiabertas – "É uma libélula" –; na rua, a população olha para cima sem acreditar. O

"Demoiselle" move-se a 60 quilômetros horários, a 50 metros de altitude, pousa com perfeição em Buc, a 8 quilômetros de distância do ponto de decolagem, todos os recordes batidos com sobra e sem esforço. Desce em Buc para assistir ao ensaio de uma banda, os músicos param de tocar os instrumentos para ver, para ouvir a canção motorizada que desce do céu – "É uma libélula" –, para ver de perto o anjo de bigodes que tornou possível o milagre. Alberto saúda a banda, pede para tocar alguma coisa bem alegre, e de novo ganha os ares. Pode descer e subir quando desejar, em uma pista, na praia, nas estradas. Visita amigos nos arredores da cidade, atinge mais de 100 quilômetros horários em uma rasante sobre o Champs-Elysées, a mão no *manche*, pé no acelerador, o coração alimentado, um acalanto no círculo transparente da hélice, imagem de poder e liberdade. Teria conseguido sem Anzani? Sem a percepção através de Anzani de que o mundo não é apenas som e fúria, voracidade e cobiça, sacrifício e violência? Anzani mostrou-lhe a outra face do homem, a face de luz que se assemelha à desconhecida pressentida fisionomia do divino, a possibilidade de outro tipo de comportamento humano, em que o fulgor das verdades primais dissolva em uma mesma energia todos os contrários, um éden sem pecados ou virtudes, santos ou demônios, onde as máquinas possam voar para o deleite do corpo e a expansão do espírito, nunca como mensageiras da destruição. Anzani descortina essa possibilidade com uma clareza inebriante, em cada gesto,

A MÁQUINA

em cada palavra emprenhada da mais profunda e solidária sinceridade, na plenitude de cada afago, liberto de tudo o que não seja a emoção de viver. Poder é liberdade, apenas. O céu é do condor e do avião, o céu é do homem, para seu júbilo e glória.

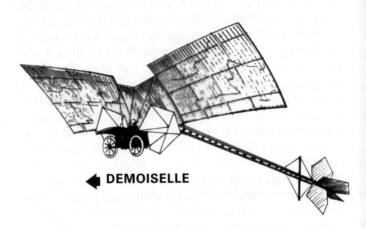

◀ DEMOISELLE

CAPÍTULO 3

O LABIRINTO

Guarujá, 23 de julho de 1932. Querido amigo: possivelmente não enviarei esta carta para você, mas tenho de escrevê-la. Há pouco a camareira do hotel esteve aqui no meu apartamento, com uma revista onde apareço em fotos de épocas diferentes: o Santos Dumont vitorioso, aos 33 anos de idade, nos tempos borbulhantes de Paris, e uma outra tirada há poucos meses, este Alberto calvo, bigodes brancos, meio sonâmbulo. O tal pasquim sugere que estou louco, e a mocinha estava indignada, disse que sou um velho bacana. Mas parece que são poucos os que ainda me dão algum crédito de sanidade, talvez apenas você e essa camareira simpática. Todos acreditam que penso torto e que não sei o que está acontecendo em volta, pensam que podem dispor de mim. Veja o exemplo desse manifesto que espalharam por aí, com minha assinatura, uma besteira apoiando os soldados paulistas no levante contra Vargas. Não escrevi nada, não assinei nada, minha loucura é diametralmente oposta

89

O LABIRINTO

a essa que está aí nesse salão de hienas em que se transformou o mundo, o Brasil. O que fiz foi escrever à Liga das Nações, pedindo a interdição das máquinas aéreas como armas de guerra. Não obtive resposta.

Eu vi a Grande Guerra, você era apenas um recém-nascido, mas eu vi aviões bombardeando as cidades e aldeias, metralhando crianças. Os meus aviões, os meus instrumentos de paz. Gritei, protestei, e fui apontado como louco. Desde então, louco, espião, covarde. Louco sim, enlouqueci de dor e de vergonha, me sentindo o responsável por aqueles horrores, me sentindo o pior de todos os homens. Mas não sou, você sabe que não sou. Não pode ser o pior de todos quem sempre almejou a luz da revelação, quem tentou se aproximar de Deus com a alma e o corpo, quem sempre pensou estar fazendo o bem. A Grande Guerra me deixou vazio. Já lhe falei de Anzani, meu melhor amigo (você é como um filho), um espírito maravilhoso que a guerra me usurpou. Morreu em alguma ravina lamacenta em Verdun, a mais bela criatura. Eu estava em Paris e senti quando aconteceu, quando o fio que nos ligava foi cortado.

Mas não é para isso que lhe escrevo, as lembranças amargas e a indignação voltam quando vejo o que sucede aqui, esta carnificina hedionda, esta guerra estúpida entre irmãos, a minha cidade de São Paulo bombardeada. Esta é a loucura, não a minha. Este desespero que não sabemos quando vai parar, que não sabemos se um dia vai acabar. Você sabe a história do último unicórnio? Já lhe contei?

SANTOS DUMONT

Parecendo um cavalinho, o chifre no meio da testa, grandes olhos verdes e pequenas asas. Antigamente os unicórnios voavam e eram os guardiães da bondade humana. Foram desaparecendo à medida que os homens endureciam o coração e se matavam, se destruíam com os próprios dentes e unhas, e com as armas que sempre souberam inventar. Até que só restava um unicórnio, o último guardião do nosso lado bom. E um dia um caçador matou esse sobrevivente. Foi no dia 27 de junho de 1914. O caçador atirou e o último dos unicórnios dobrou as pernas, caiu com seu derradeiro sorriso nos lábios e se transformou em um pequeno monte de prata. No dia seguinte aconteceu o atentado de Sarajevo, mataram o arquiduque Ferdinando, e logo teve início o homicídio generalizado.

Os unicórnios voavam, mas essa história entrou por acaso, estou lhe escrevendo para deixar um desenho, um projeto. Pensei em fazer isso três dias atrás, no meu aniversário, acho que um aniversariante também pode dar presentes, mas não o fiz para evitar comentários. E também para não encabular você. Sei que não aprova minhas demonstrações de carinho em público, fica sem jeito. Parece que nossa amizade anda beirando o escândalo, o velho tio e o jovem sobrinho, sangue do mesmo sangue. Trato de proteger você, mas por mim não me importo, os escândalos me acompanharam a vida toda, me acostumei com eles. E porque sei que os meus sentimentos, os nossos sentimentos, nada têm de escandaloso, e neles não

O LABIRINTO

pendura nem uma gota de pecado. Mas sabemos também que isso não pode continuar, alguém tem de ceder ou haverá sofrimento.

Amei homens e mulheres, sou macho e fêmea no coração e na mente, não me foi dado o bem ou o mal de saber dividir categorias tão complementares. Já basta a divisão dos corpos, a natureza dos contrários de que somos dotados, homens e mulheres. Existem os desejos do corpo e os desejos da alma. Não gostaria de ter vivido sem conhecer o amor de Aída e o amor de Anzani, sem desfrutar outros amores menos intensos, mas nem por isso menos sagrados, e minha vida seria incompleta se não pudesse amar você neste meu ocaso, neste inverno.

Sempre fugi do inverno, por isso vivi os últimos anos viajando da Europa para o Brasil e vice-versa, cruzando sempre o equador no rastro do Sol. Agora é o inverno inevitável, e não me desgosta, em absoluto não me desgosta, acho bom que tenha afinal chegado para poder usufruir do calor que emana de você. Se você tivesse acontecido nos verões do passado é provável que me tivesse queimado, transformado em cinzas. Aí estou, de novo filosofando sobre um tema que está além de todas as filosofias. Não fosse você, seria insuportável pagar as penas que paguei e continuo pagando, os azares que me acompanham desde que mataram aquele unicórnio. Logo depois vim ao Brasil e organizaram uma grande recepção no Rio, um avião cheio de passageiros ilustres voou ao encontro do meu navio quando entramos na barra, para lançar confetes. Deu algumas voltas sobre minha cabeça e caiu no mar, na minha frente, ninguém sobreviveu. Os amigos que me restam estão sofrendo perseguição política, o Antonico Prado foi preso, tanta coisa.

E o castigo maior, esta esclerose precoce e disseminada que tanto me humilha, esta letargia muscular que me faz parecer um idiota, estas longas temporadas em sanatórios. Mal do espaço, essa é a verdade. Voei demais, a peito aberto, sem qualquer proteção, até posso compreender. Difícil é aceitar. Um castigo de Prometeu? Quem sabe? É possível que os deuses tenham se irritado com minha ousadia, tenham achado que fui longe demais ao roubar o segredo dos pássaros e revelar aos homens uma capacidade para a qual não estavam preparados. Durante muito tempo pensei assim, fiz essa idéia de deuses vingativos e perversos. Agora não sei mais, nem sei se acredito na história de Prometeu, do jeito que ela é contada. Enfim, esse é o assunto, uma lenda que quero lhe contar. O que tenho feito na vida é discordar da mitologia, além de fazer aviões e casas. Isso vem a propósito da Encantada, em Petrópolis. Os que se julgam donos da razão apontam minha bela casinha como prova de demência e, no entanto, todos que a visitam se divertem com ela, descobrem uma novidade em cada canto, comportam-se ludicamente, jogam um jogo prazeroso com as escadas e as paredes imprevisíveis.

Então a loucura é a busca do prazer? Ora, bolas, por que falo sobre essa gente? Falava do meu aniversário, quero esclarecer uma situação. Quando você anunciou que vai tirar o brevê de piloto, eu me fechei em copas e todos tiveram a impressão de que discordava do seu intento. Você esperava outra coisa de mim, afinal essa sua decisão foi lançada na sala como um brinde para os meus 59 anos. Peço desculpas. Realmente foi isso o que aconteceu, fiquei transtornado. O que me veio à cabeça naquele momento foram os pilotos de guerra, o sangue me ferveu pensando em você em um desses aparelhos assassinos, jogando dinamite em São Paulo ou explodindo no ar. É o que vejo agora, são esses pilotos o que vemos hoje. E não podia admitir que logo você entrasse num avião para matar. Você não, todos menos você. Devo ter sido rude, com certeza mal-agradecido. Depois a consciência voltou e fui me convencendo de que não era possível, não depois de tudo o que conversamos, depois que deixamos florescer o nosso afeto um pelo outro. Hoje pela manhã sua mãe telefonou e falamos sobre o assunto, ela me disse que sua intenção é ingressar no serviço aéreo dos correios. Foi só uma confirmação, eu já sabia, acho que o conheço. Até destruíra o que tinha feito para você, mas há pouco refiz e desta vez saiu mais bonito.

Tenho alguma dificuldade em desenhar, como sabe, e mesmo em escrever, o que não deixa de ter uma graça irônica, eu que desenhei tantas máquinas e até me fiz escritor. Isso da Academia Brasileira de Letras não vem ao caso, nunca concordei. Elegeram-me sem a minha permissão e sob meu protesto, não sou um literato, sou um aviador aposentado. Enfim, home-

SANTOS DUMONT

nagens. Serviram-me de alguma forma no passado; hoje me deixam com um pé atrás e não tenho o que fazer com elas. Gostaria era de nadar, jogar tênis, e isso não me é permitido. Gostaria era de voar com você no correio aéreo. Há quanto tempo! Deixei de voar em 1910; depois do "Demoiselle" não voltei a entrar num *cock-pit*. Poderia ter continuado por mais algum tempo, mas não quis, achei que já tinha feito o que devia fazer e, além do mais, a doença. Você voará por mim, é o que importa. Você cruzará o oceano levando a nossa mensagem, sem cair, sem medo, sem tormentos.

Voar foi o primeiro e maior sonho humano. No início dos tempos, em uma época que a memória apenas consegue esboçar, dois homens conseguiram realizar esse sonho, na Grécia: Dédalo e Ícaro, pai e filho. Tudo começou quando chegaram à ilha de Creta, governada pelo rei Minus e pela rainha Pasifaé, a filha do Sol. Dédalo foi pedir asilo e se anunciou como artista, arquiteto, escultor e capaz de fabricar robôs. "Faço estátuas que marcham, bonecos animados que andam, lutam e trabalham pelos seres humanos, eu sou Dédalo de Atenas." Os reis acolheram o velho e o adolescente em troca das maravilhas prometidas por Dédalo. O ateniense sabia realmente construir robôs. E inventou a pua em honra de Minus, para que ele pudesse construir grandes navios e dominar os mares. E o remo, para que a esquadra de Minus pudesse navegar na calmaria e fosse invencível. Em honra de Pasifaé, inventou o prumo, que estaria sempre em

O LABIRINTO

perfeita verticalidade com o centro da Terra, e com o qual a rainha poderia construir palácios com mil metros de altura, arranhando o céu. E, para os inimigos de Creta, construiu o Labirinto, uma prisão sem portas, projetada de tal forma que, uma vez em seu interior, ninguém encontrará a saída. Minus lançou-se a grandes conquistas sob a proteção de Netuno, o deus das águas, que enviou uma prova de sua concordância na figura de um touro deslumbrante de brancura, um animal nascido no mar.

Mas, no Olimpo, morada dos deuses, Vênus se apaixonou pelo Sol, que, por sua vez, estava apaixonado por Creta. Enciumada, Vênus resolveu vingar-se na filha do Sol e de Creta, a rainha Pasifaé. Vênus fez com que Pasifaé se apaixonasse perdidamente pelo touro branco de Netuno. Tão perdidamente que a rainha pediu a Dédalo para inventar alguma coisa, alguma artimanha que tornasse possível o ato de amor entre uma mulher e um touro. Dédalo moldou uma vaca de bronze e Pasifaé alojou-se em seu interior, conseguindo atrair o touro com a imitação. Pasifaé teve um filho que era ao mesmo tempo do seu marido Minus e do touro de Netuno: Minotauro, assim foi chamado, corpo de homem e cabeça de boi. O rei derramou todo o seu ódio contra Dédalo, acusando-o de traição por haver ajudado a rainha a realizar seu desejo. Em Creta, a traição era punida com o maior de todos os castigos, o encerramento no Labirinto. E assim foi feito. Dédalo, seu filho Ícaro e o Minotauro foram encerrados na grande construção de onde

SANTOS DUMONT

nem mesmo seu arquiteto seria capaz de fugir. Encerrados para sempre, sepultados vivos. Durante todo esse tempo o jovem Ícaro esteve ajudando o pai em seus inventos, tornando-se um belo rapaz, um poeta cujo único desejo era transformar-se em partícula de luz. E agora ia penar durante toda a vida nas sombras da prisão sem portas. Não, não seria assim. Dédalo tinha um plano para a fuga. Dédalo acreditava que o homem pode voar, e trabalhou febrilmente na feitura de asas, até que um dia se deu por satisfeito, fixou-as com cera às suas costas e às costas de Ícaro, e os dois saíram voando sobre os altos muros do Labirinto e se afastaram de Creta, tomaram a direção do Egito. Sobre o mar Egeu, Ícaro era só deslumbramento com a descoberta do espaço, e gritava para o pai que, se o homem voa, pode alcançar o Sol, pode mergulhar tão completamente no calor da estrela que será possível assimilar a natureza da luz. Dédalo tentou impedi-lo, disse que não podiam aproximar-se do Sol, que era muito cedo, era o primeiro vôo, talvez mais tarde, no futuro. Ícaro não ouvia, não queria ouvir. "Temos de voar baixo, perto da superfície, mais alto será a morte", gritava Dédalo, aflito. O sonho de Ícaro era mais forte que tudo e ele subiu mais, e mais, e mais, até o calor derreter a cera que prendia as asas ao corpo. Caiu da atmosfera e afogou-se no Egeu. Dédalo cruzou o mar e desceu em Mênfis, no Egito, para viver mais um século construindo seus robôs; um homem triste, perseguido pelo resto da existência pela dolorosa imagem de Ícaro

O LABIRINTO

caindo. Quando morreu, os habitantes de Mênfis passaram a adorá-lo com um deus.

Essa é a lenda, assim foi transmitida de geração a geração. Uma lenda com a qual não posso concordar e que terá uma nova versão a partir de hoje. Por que tem de ser o velho Dédalo a sobreviver? Não faz sentido, a juventude é que tem esse direito. Sei por experiência própria que não faz sentido, e mais uma vez estou pronto para corrigir o mito. Como fiz em outras ocasiões, quando mostrei que um motor podia ser instalado sob um balão, quando demonstrei que um objeto mais pesado que o ar pode elevar-se no espaço, quando me recusei a aceitar o estabelecido. Dédalo cairá no mar Egeu, arrastando para o fundo das águas a sua glória, cairá para que o jovem Ícaro possa um dia alcançar o Sol e conhecer uma glória infinitamente maior. Quem descobriu a rota das estrelas também pode descobrir o seu próprio caminho para ir além delas, o seu atalho pessoal. As decisões sempre foram minhas: voar, deixar de voar, viver, deixar de viver. Sempre soube quando devia imprimir maior rotação ou desligar o propulsor, e esse saber me valeu em todas as horas em que me defrontei com uma encruzilhada do destino.

Não nos veremos mais, pelo menos nesta forma pesada, de carnes e ossos, engatinhando pelo sal da terra. Mas estarei ao seu lado, voando junto com você nesta asa-delta cujo desenho está no fim da carta. É o meu presente, instrumento e símbolo de libertação, para você, e para o seu filho, e para o filho do seu filho, para os que sonham navegar no calor do Sol e renascer como uma partícula de luz. É uma coisa simples, um ortóptero ultraleve com o qual você poderá se confundir com os pássaros. Não está longe o dia em que os aviões serão tão grandes como as catedrais e tão potentes como o maior dos navios, e os foguetes ultrapassarão a velocidade do som. Mas nada substituirá o indelével sentir o vento na face, a intimidade com as nuvens, o contato físico com as correntes. É uma forma perfeita para o vôo individual, pode ser usada com um pequeno motor de 2 ou 3 cavalos ou como um planador de alta sensibilidade e direção precisa. Estarei com você, saltando do cimo das montanhas de Minas Gerais ou da Pedra da Gávea, no Rio de Janeiro, e descendo em longos círculos até o campo ou a praia. Estarei com você em cada *looping*, em cada mergulho, minhas mãos estarão sempre ao lado das suas no trapézio.

Com amor, Alberto.

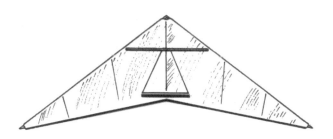

CRONOLOGIA

1873 – 20/7
Nasce na fazenda Cabangu, próximo à estação de Palmira, hoje Santos Dumont, Minas Gerais.

1879
Passa a residir na fazenda Arindeúva, município de Ribeirão Preto, São Paulo, adquirida por seu pai.

1880
Passa a viver em Campinas (SP) durante os períodos escolares, estudando no Colégio Culto à Ciência.

1891
Residindo na cidade de São Paulo, assiste pela primeira vez a uma demonstração de aeróstatos. Visita Paris, com a família.

1891
Morre seu pai, dr. Henrique Dumont. Emancipado,

CRONOLOGIA

vai para Paris, onde se interessa pelos balões e pelos esportes. Viaja pela Europa.

1896
Faz várias ascensões em balões, com o aeronauta Machuron. Viagem ao Brasil, para tratar de assuntos financeiros e familiares.

1898
Realiza o primeiro projeto aeronáutico, o balão esférico "Brasil", considerado na época o menor aeróstato já construído. Constrói o "Santos Dumont 1", balão cilíndrico com hélice e leme, utilizando motor a petróleo pela primeira vez na aerostação.

1899
Constrói o "Santos Dumont 2" e o "Santos Dumont 3", evoluindo em sua pesquisa sobre a dirigibilidade dos aeróstatos.

1900
Constrói o "Santos Dumont 4", apresentado durante a Exposição Universal de Paris, ganhando o prêmio de encorajamento do Aeroclube da França. Acometido de pneumonia, vai se curar em Nice. Projeta os aeródromos de Neuilly-Saint James, em Paris, e de Condamine, em Mônaco.

1901
Constrói o "Santos Dumont 5", com o qual sofre vários

SANTOS DUMONT

acidentes. Constrói o "Santos Dumont 6". 19/10, vence o Prêmio Deutsch com o "Santos Dumont 6", saindo de Saint-Cloud e voltando ao ponto de partida em menos de meia hora, após circundar a torre Eiffel e demonstrar a dirigibilidade do seu balão; é saudado em todo o mundo como o inventor da dirigibilidade no espaço do mais leve que o ar.

1902
Morre sua mãe, Francisca Santos Dumont, em Portugal. Viagem à Inglaterra e aos Estados Unidos.

1903
Constrói os dirigíveis "Santos Dumont 7", "Santos Dumont 9" e "Santos Dumont 10", respectivamente, segundo sua definição, "de corrida", "carrinho aéreo" e "ônibus aéreo". Viaja ao Brasil para liquidar o inventário; é homenageado em várias cidades.

1904
Escreve *Dans l'Air*, em Paris, sobre suas experiências de vôo e seus balões. Ocupa-se de projetos referentes ao mais pesado que o ar.

1905
Faz experiências com acoplagem de balões e aeroplanos, do mais leve com o mais pesado que o ar. É instituída a Taça Archdeacon para a primeira pessoa que voar com um aparelho mais pesado que o ar.

CRONOLOGIA

1906 – 23/10
Ganha a Taça Archdeacon, voando 60 metros, a 3 metros de altura, com o biplano "14-Bis", no campo de Bagatelle, em Paris. 12/11, ganha o prêmio Aeroclube de França, no mesmo local, voando 220 metros, a 6 metros de altura. É saudado em todo o mundo como o inventor do avião. Faz conferências e demonstrações no Salão do Automóvel de Paris.

1907
Realiza experiências de planagem em Nice. Constrói aeródromos em Saint-Cyr e no Boulevard de la Seine, em Paris. Abandona os projetos do tipo biplano celular e constrói o primeiro monoplano, que é inutilizado em um acidente em Bagatelle.

1908
Polemiza em Paris, durante a visita à Europa do aeronauta norte-americano Wilbur Wright, que reivindica para si o primeiro vôo com o mais pesado que o ar; Wright não consegue provar as afirmações.

1909
Constrói o monoplano "Demoiselle"; com ele bate todos os recordes aeronáuticos. Voa pela última vez em dezembro. Sofre de esclerose disseminada.

1910
Participa de torneios de tênis e corridas de automóveis.

1913
Sintomas de envelhecimento precoce. Sagrado Cavaleiro da Legião de Honra da França. Homenageado com um monumento em granito no campo de Bagatelle.

1914
Viagem ao Brasil, onde recebe novas homenagens. De volta a Paris, com o início da Primeira Guerra Mundial, serve como chofer do comandante-em-chefe do exército francês. É alvo de suspeitas de espionagem, por deixar as luzes acesas em sua casa durante o blecaute, incidente conhecido como o Caso do Chalé; o Governo brasileiro intervém e o Governo francês se desculpa. Deixa de servir como voluntário e inicia a campanha para a proibição da utilização de aviões como arma de guerra.

1915
Viagem aos Estados Unidos e à América Latina, apresentando-se como um pacifista. Recupera-se parcialmente da doença, que permanece estacionária.

1916
Decide morar no Brasil, onde passa a maior parte do ano. Viaja a Buenos Aires. Vai a Paris, concluir alguns negócios, e retorna, para residir no Rio de Janeiro.

1917
Divide o tempo entre o Rio de Janeiro e São Paulo.

CRONOLOGIA

Viagem à América Latina. Mostra-se angustiado com a utilização dos aviões na guerra.

1918
Constrói casa em Petrópolis, conhecida como a Encantada, onde passa a residir. Escreve *O que eu vi, o que nós veremos*, sobre seus aviões e o futuro da civilização tecnológica. Retorna a Paris após o Armistício, e logo está de volta ao Brasil.

1919
Presenteado pelo Governo com a casa da fazenda Cabangu, onde nasceu, compra terras em volta e ocupa-se na organização de uma fazenda-modelo, criando tecnologia agrícola.

1924
Vende a fazenda Cabangu, ficando apenas com a casa. No final do ano vai a Paris, decidindo permanecer na Europa para tratamento de saúde.

1926
Pede à Liga das Nações a interdição dos aviões como armas de guerra; cria um prêmio para trabalhos sobre o tema. É internado no sanatório de Valmont-sur-Territet, Suíça, com o agravamento da doença.

1927
Muda-se para uma vila campestre que adquire em Glion, Suíça.

1930
Condecorado com a Gran Cruz da Legião de Honra da França. É internado na casa de saúde de Préville (França).

1931
Retorna ao Brasil, à sua casa em Petrópolis, dedicando-se a projetos aeronáuticos avançados e ao aperfeiçoamento dos planadores.

1932
Muito doente, é transferido pela família para o Hotel de la Plage, no Guarujá, São Paulo. Seu estado de saúde agrava-se com a utilização de aviões de combate nos primeiros dias da Revolução Constitucionalista. 23/07, suicida-se no Guarujá.

INDICAÇÕES PARA LEITURA

Em 1904, Santos Dumont escreveu *Dans l'Air*, em francês, sobre suas experiências de vôo em aeróstatos e dirigíveis. No Brasil, o título é *Os Meus Balões*, tradução de Miranda Bastos, reeditada pela Biblioteca do Exército Editora em 1973, durante as comemorações do centenário de nascimento do inventor. Na mesma época, o Tribunal de Contas do Estado da Guanabara reeditou *O que eu vi, o que nós veremos*, o segundo livro escrito por Santos Dumont, em 1918, em português, sobre seus aviões e futurologia.

Foram produzidas muitas biografias sobre o Pai da Aviação: cerca de duas dezenas, no Brasil e no exterior. No Brasil destacam-se *Quem deu Asas ao Homem*, de Henrique Dumont-Vilares, edição do autor, com boa documentação fotográfica; e *Santos Dumont*, de Gondin da Fonseca, edição da Livraria São José, em que o autor conclui que o biografado morreu virgem. Destaque também para *Santos Dumont – Retrato de uma Obsessão* (*A Study in Obsession*), de Peter

INDICAÇÕES PARA LEITURA

Wykeham, traduzido por Altino Ribeiro da Silva, Editora Civilização Brasileira.

A bibliografia estrangeira sobre Santos Dumont, inacessível ao leitor brasileiro, inclusive porque as edições estão esgotadas, inclui obras interessantes como *Santos Dumont, Maitre d'Action*, de Charles Dolfus, e *L'Homme a conquis le Ciel*, de Willy Coppens de Houthulat. Para quem deseja aprofundar-se no tema, recomenda-se a leitura dos igualmente raros *A History of Flying* e *The Aeroplane: a Historical Survey*, de Gibbs-Smith, *La Navigation Aérienne*, de Lecornu, e *Histoire de l'Aviation*, de René Chambre.

Uma dica final: o filme de Eduardo Escorel *O que eu vi, o que nós veremos*, produção da TVE do Rio de Janeiro, 1973, que recupera a imagem do pequeno grande homem.

SOBRE O AUTOR

Orlando Senna é cineasta, escritor e jornalista. Foi diretor e roteirista dos filmes *Diamante bruto*, *Brascuba*, *Iracema* e *Gitirana*, além de documentários e trabalhos em vídeo. Escreveu roteiros para televisão (como o da minissérie *Carne de Sol*) e cinema, entre eles *O rei da noite* (dirigido por Hector Babenco), *Coronel Delmiro Gouveia* (Geraldo Sarno), e, em parceria com Chico Buarque, *Ópera do Malandro* (Rui Guerra). Dirigiu trinta espetáculos teatrais, destacando-se *Teatro de Cordel*.

Recebeu prêmios nos festivais de Cannes (França), Figueira da Foz (Portugal), Taormina (Itália), Pésaro (Itália), Havana (Cuba), Porto Rico, Brasília e Rio Cine. Com *Iracema*, recebeu o prêmio Georges Sadoul, da França, e o Adolf-Grimme, da Alemanha. Seus trabalhos para a televisão foram premiados na Inglaterra com o BEMAs (British Environment and Media Awards) e com o Golden Panda do Festival Wildscreen, conhecido como o Oscar Verde.

Foi diretor da Escola Internacional de Cinema e Televisão de San Antonio de los Baños, sediada em

SOBRE O AUTOR

Cuba, de 1991 a 1994. Em sua gestão, a escola recebeu o prêmio Rossellini, do Festival de Cannes. De 1996 a 1999 dirigiu o Centro de Dramaturgia do Instituto Dragão do Mar de Arte e Indústria Audiovisual.

Repórter e comentarista de política internacional, realizou trabalhos na América Latina, África e Europa para jornais como *Correio da Manhã*, *Última Hora*, *Jornal do Brasil*, *Folha de S. Paulo* e para agências internacionais. É autor dos livros *Xana*, *Alberto Santos Dumont – Ares nunca dantes navegados* e *Máquinas eróticas*.